Demokratian tuolla puolen

Frank Karsten ja Karel Beckman

Demokratian tuolla puolen

Miksi demokratia ei johda solidaarisuuteen, hyvinvointiin ja vapauteen vaan yhteiskunnallisiin konflikteihin, julkisten menojen karkaamiseen käsistä ja tyrannimaiseen hallintoon.

Demokratian tuolla puolen

Miksi demokratia ei johda solidaarisuuteen, hyvinvointiin ja vapauteen vaan yhteiskunnallisiin konflikteihin, julkisten menojen karkaamiseen käsistä ja tyrannimaiseen hallintoon.

ISBN-13: 978-1539398158
ISBN-10: 1539398153

Versio 1.6 kesäkuu 2013

Kansikuva: Parthenonin temppeli etelästä, Thermos

Tietoa kirjoittajista

Karel Beckman on kirjailija ja toimittaja. Hän on riippumattoman internet-julkaisun Energy Postin (www.energypost.eu) perustaja ja päätoimittaja. Sitä ennen hän työskenteli toimittajana hollantilaisessa talous-sanomalehdessä Financieele Dagblad. Hänen henkilökohtainen verkkosivustonsa on *www.charlieville.nl.*

Frank Karsten on Mises Instituut Nederland:n (Hollannin Mises-instituutin) ja Stichting Meer Vrijheid:n (Lisää Vapautta Säätiön) perustaja. Nämä kaksi hollantilaista libertaristista organisaatiota toimivat edistääkseen henkilökohtaista ja taloudellista vapautta. Hän esiintyy usein julkisuudessa vastustamassa valtion yhä kasvavaa puuttumista kansalaisten elämään. *www.mises.nl.*

Sisältö

Esipuhe Frank Karsten

Kirjassamme esitetty voimakas demokratian arvostelu saattaa vaikuttaa kohtuuttomalta tai jopa järjettömältä. Kommunismin kaatumisen jälkeen demokratiaa ylistettiin ainoana oikeana vaihtoehtona. Sorretut ihmiset kaikkialla maailmassa kaipaavat enemmän vapautta ja demokratiaa, joten kuka uskaltaa puhua sitä vastaan?

Vaikka arvostelemmekin vahvasti demokratiaa, ei ole syytä loukkaantua tai pelästyä. Emme halua viedä demokratiaa pois ihmisiltä, sillä ihmisten tulisi olla vapaita elämään missä tahansa haluamassaan poliittisessa järjestelmässä. Emme myöskään väitä, että demokratia olisi pahempi tai parempi kuin diktatuuri tai että kirjassa kuvatut ongelmat esiintyisivät yksinomaan demokratiassa.

Selitämme parlamentaarisen demokratian luontaiset ongelmat ja kuvaamme mikseivät tämän suuresti ylistetyn poliittisen järjestelmän periaatteet ja dynamiikka johda toivottuihin tuloksiin. Nykyisin voimme nähdä kriisejä syntyvän monissa demokraattisissa maissa, selvimmin Yhdysvalloissa, Kreikassa ja Espanjassa. Näitä ongelmia ei koskaan yhdistetä demokraattiseen järjestelmään itseensä, vaan vapaisiin markkinoihin, demokratian puutteeseen, ahneisiin pankkiireihin tai petollisiin poliitikkoihin.

"Jokainen vitsi on pieni vallankumous." George Orwell

Kuten useimmat ihmiset, minäkin uskoin parlamentaariseen demokratiaan. Mutta se oli viisitoista vuotta sitten. Itse asiassa, tiesin demokratiasta hyvin vähän, mutta vakaumukseni oli silti hyvin voimakas. Kuten useimmille meistä, minullekin kerrottiin koulutusjärjestelmän, median ja poliitikkojen kautta, että demokratia olisi jotain, jota tulisi vaalia ja lisätä, ja ettei sille olisi varteenotettavaa vaihtoehtoa. Mutta tutkittuani ja harkittuani sitä tarkemmin, olen tullut aivan toisenlaiseen lopputulokseen.

Monet ihmiset uskovat edelleenkin demokratian olevan yhtä kuin vapaus. Ja monet vapautta rakastavat yksilöt uskovat edelleenkin, että oikea tie suurempaan vapauteen kulkee demokraattisen prosessin kautta. Monet demokratiaa kritisoivat ovat vakuuttuneita siitä, että se kaipaa korjaamista, mutta eivät näe mitään ongelmia itse demokratian perusteissa. Kirjamme osoittaa vääräksi nämä uskomukset. Demokratia on vapauden vastakohta - demokraattinen prosessi pyrkii lähes luonnostaan kohti pienempää vapautta suuremman sijaan - eikä demokratia ole korjattavissa. Demokratia on kollektivistinen järjestelmä, joka on luonnostaan viallinen, kuten sosialismikin.

Nämä toisinajattelijoiden ajatukset ovat melko ainutlaatuisia, jopa maailmanlaajuisessa mittakaavassa. Hans-Hermann Hoppe on kirjoittanut akateemisen kirjan nimeltään Democracy: The God That Failed. Tämän lisäksi tästä aiheesta on kirjoitettu vain muutamia artikkeleita. Mutta sikäli kuin tiedämme, demokratiasta ei ole aiemmin kirjoitettu helppolukuisia, jäsenneltyjä ja ytimekkäitä kirjoja, jotka osoittavat sen luontaiset heikkoudet ja dynamiikan, vapautta rakastavien libertaarien näkökulmasta. Meidän kirjamme on tällainen ja se on tarkoitettu tavallisille ihmisille. Se ei olisi voinut tulla parempaan aikaan; juuri nyt monet demokratiat kamppailevat sosiaalisten ja taloudellisten ongelmien kanssa, ja ihmiset etsivät selityksiä ja ratkaisuja.

Ratkaisu, jota demokraattiset poliitikkosi kerta toisensa jälkeen esittävät, on antaa heille lisää rahaa ja valtaa huolimatta siitä, kuinka usein he ovat aikaisemmin epäonnistuneet. Mahdollisesti olet pettynyt poliitikkoihisi ja toivot tilalle parempia. Tämä kirja selittää sen, miksi sinun ei tule syyttää heitä, vaan demokraattista järjestelmää itseään. Sen sijaan, että ottaisit poliitikot vakavasti, on parempi pilkata heitä. Se heikentää heidän legitimiteettiään ja valtaansa.
Tiedät, että demokraattinen järjestelmä suosii automaattisesti poliitikkoja, jotka lupaavat enemmän kuin pystyvät antamaan. Tämä on seurausta siitä, että poliitikot, jotka lupaavat eniten, tulevat valituksi. Joten, miksi syyttäisit heitä? Koska demokraattiset poliitikot tietävät olevansa vallassa vain tilapäisesti, he tuhlaavat, yliverottavat ja ylilainaavat tietäen, että heidän seuraajansa (tai pikemminkin tulevat sukupolvet) joutuvat maksamaan laskun. Sitä paitsi, hehän tuhlaavat joka tapauksessa toisten ihmisten rahoja. Joten miksi odottaa jotakin muuta? Käyttäytyisitkö itse paremmin eduskunnassa? Epäilen.

Kymmenen vuotta sitten olin usein pettynyt ja turhautunut politiikkaan. Kuvittelin, että minun pitäisi tulla poliittisesti aktiiviseksi voidakseni muuttaa asioita parempaan suuntaan. Nyt olen huomannut, ettei minun tarvitse tehdä muuta kuin paljastaa demokraattisen järjestelmän puutteet, pilkata poliitikkoja ja olla odottamatta mitään hyvää heistä.

Kuuluisa kirjailija George Orwell sanoi kerran, että "Jokainen vitsi on pieni vallankumous." Huumorin on todellakin sanottu olevan osaltaan vastuussa neuvostokommunismin kaatumisesta. Se paljastaa poliittisia mielettömyyksiä ja alentaa poliitikkojen statusarvoa. Joten naura makeasti poliitikoille; se on paljon terveellisempää, kuin turhautuminen. He ovat keisareita ilman vaatteita: heidän lupauksensa ovat valheellisia eivätkä heidän ratkaisunsa toimi. Kuten edellä sanoin, poliitikkojen kerta toisensa jälkeen ehdottamat ratkaisut vaativat antamaan heille yhä enemmän rahaa ja valtaa, huolimatta siitä, kuinka usein he ovat aikaisemmin epäonnistuneet.

Kirjoittamalla demokratiasta olen saanut mielenrauhaani lisääviä oivalluksia. Politiikka ja poliitikot eivät enää turhauta minua. Jaan ajatuksiani tässä kirjassa toivoen niillä olevan sama vaikutus sinuunkin.

Johdanto
Demokratia – viimeinen tabu

"Jos demokratia kärsii joistain vaivoista, ne voidaan parantaa ainoastaan lisäämällä demokratiaa." Tämä vanha lainaus amerikkalaiselta poliitikolta osoittaa pähkinänkuoressa sen, miten demokraattinen järjestelmä yleensä nähdään. Ihmiset ovat valmiita hyväksymään sen, että demokratialla voi olla omat ongelmansa – he voivat hyväksyä jopa ajatuksen, että useat länsimaiset parlamentaariset demokratiat, mukaan lukien Yhdysvallat, voivat olla tuhon partaalla – mutta eivät silti osaa kuvitella vaihtoehtoa. Ainoa parannuskeino, jota he osaavat ajatella, on todellakin *enemmän* demokratiaa.

Harvat kiistävät parlamentaarisen demokratiajärjestelmän olevan kriisissä. Kansalaiset kaikkialla demokraattisissa maissa ovat tyytymättömiä ja syvästi jakautuneita. Poliitikot valittavat äänestäjien käyttäytyvän kuin hemmotellut kakarat ja kansalaiset taas valittavat poliitikkojen olevan kuuroja heidän toiveilleen. Äänestäjistä on tunnetusti tullut ailahtelevia. He vaihtavat jatkuvasti uskollisuuttaan poliittiselta puolueelta toiselle. He tuntevat myös yhä enemmän vetovoimaa radikaaleja ja populistisia puolueita kohtaan. Poliittinen kenttä on kaikkialla pirstoutumassa tehden yhä vaikeammaksi saada enemmistöä yhden mielipiteen taakse ja muodostaa toimivia hallituksia.

Nykyisillä poliittisilla puolueilla ei ole vastauksia näihin haasteisiin. Ne eivät pysty kehittämään todellisia vaihtoehtoja. Ne ovat jääneet loukkuun jäykkiin puoluerakenteisiinsa, ja erityiset eturyhmät ja lobbarit ovat kaapanneet niiden ihanteet. Käytännössä yksikään demokraattinen hallitus ei ole kyennyt kontrolloimaan menojaan. Useimmat demokraattiset maat ovat ottaneet lainaa, tuhlanneet ja verottaneet niin massiivisesti, että se on johtanut finanssikriiseihin ja useat maat konkurssin partaalle. Ja niissä harvoissa tapauksissa, joissa olosuhteet pakottavat hallitukset vähentämään kulujaan, ainakin väliaikaisesti, äänestäjät nousevat protestoimaan, koska he uskovat sen olevan hyökkäys heidän oikeuksiaan vastaan, tehden mistä tahansa todella tarpeellisista leikkauksista mahdottomia.

Hallitsemattomista julkisista menoista huolimatta lähes kaikki demokraattiset maat kärsivät pysyvästi korkeasta työttömyysasteesta. Suuret ihmisryhmät jäävät sivustakatsojiksi. Käytännössä yksikään demokraattinen maa ei ole tarjonnut asianmukaisia palveluita ikääntyvälle väestölleen.

Tyypillisesti kaikki demokraattiset yhteiskunnat kärsivät liiasta byrokratiasta ja sääntelystä. Valtion lonkerot ulottuvat jokaisen ihmisen elämään. Sääntöjä ja säätelyä on kaikkeen maan ja taivaan välissä. Ja jokainen ongelma ratkaistaan lisäämällä sääntöjä ja säätelyä todellisten ratkaisujen sijaan.

Samalla demokraattiset hallinnot hoitavat huonosti monille ihmisille tärkeimpiä tehtäviä – lain ja järjestyksen ylläpitoa. Rikollisuus ja

> Ei ole liioiteltua sanoa, että demokratiasta on tullut uskonto - moderni, maallinen uskonto.

ilkivalta rehottavat valtoimenaan. Poliisi ja oikeuslaitos ovat epäluotettavia, epäpäteviä ja usein suorastaan korruptoituneita. Harmiton käytös on kriminalisoitu. Väestön prosenttiosuudella mitattuna USA on maailman suurin omien kansalaistensa vangitsija. Monet näistä ihmisistä ovat vankilassa täysin harmittoman toiminnan takia, yksinkertaisesti siksi, että päättäjät tai kansan enemmistö pitää heidän tapojaan loukkaavina.

Useiden tutkimusten mukaan ihmisten luottamus demokraattisesti valittuihin poliitikkoihin on saavuttanut kaikkien aikojen pohjalukemat. Ihmiset ovat syvästi epäluuloisia valtionhallintoon, poliitikkoihin, eliittiin ja kansainvälisiin järjestöihin, jotka näyttävät asettaneen itsensä lain yläpuolelle. Monet ihmiset ovat pessimistisiä tulevaisuuden suhteen. He pelkäävät lastensa aseman tulevan olemaan vielä huonompi kuin heidän nyt. He pelkäävät maahanmuuttajien vyöryä ja ovat huolissaan siitä, että heidän oma kulttuurinsa on uhattuna ja ajan saatossa katoamassa.

Demokraattinen usko

Vaikka demokratian kriisi on laajalti tunnustettu, demokraattista järjestelmää itseään ei ole käytännössä juuri lainkaan kritisoitu. Käytännössä juuri kukaan ei syytä itse demokratiaa kokemistamme ongelmista. Poikkeuksetta poliittiset johtajat – riippumatta ovatko he vasemmalla, oikealla tai siltä väliltä – lupaavat ratkaista ongelmamme enemmällä demokratialla, ei vähemmällä. He lupaavat kuunnella ihmisiä ja laittaa yleisen edun yksityisten etujen yläpuolelle. He lupaavat vähentää byrokratiaa, lisätä avoimuutta, tarjota parempia palveluja – laittaa järjestelmän toimimaan uudelleen. Mutta koskaan he eivät kuuluta halukkuuttaan asettaa itse demokraattista järjestelmää kyseenalaiseksi. He väittävät mieluummin, että ongelmamme johtuvat liiasta vapaudesta kuin liiasta demokratiasta. Ainoa ero edistyksellisillä ja konservatiiveilla tai vasemmistolaisilla ja oikeistolaisilla on, että ensin mainitut todennäköisesti valittavat liiasta taloudellisesta vapaudesta ja jälkimmäiset liiasta sosiaalisesta vapaudesta. Ja tämä tapahtuu aikana, jolloin lakeja ja veroja on enemmän kuin koskaan aiemmin!

Itse asiassa, demokratian perusajatuksen kritisointi on enemmän tai vähemmän tabu länsimaisissa yhteiskunnissa. Sinun sallitaan arvostelevan demokratian täytäntöönpanoa tai nuhdella nykyisiä poliittisia johtajia tai puolueita – mutta demokratian ideaalia sellaisenaan ei yksinkertaisesti kritisoida.

Ei ole liioiteltua sanoa, että demokratiasta on tullut uskonto – moderni, maallinen uskonto. Sitä voidaan kutsua suurimmaksi uskoksi maan päällä. Yhtätoista maata – Myanmar, Swazimaa, Vatikaani ja jotkin arabimaat – lukuun ottamatta kaikki maailman maat väittävät olevansa demokratioita, vaikkakin osa vain nimellisesti. Tämä usko demokratian Jumalaan liittyy läheisesti 1800-luvun aikana syntyneeseen kansallisdemokraattisen valtion palvontaan. Jumala ja kirkko korvattiin valtiolla yhteiskunnan Pyhänä Isänä. Demokraattiset vaalit ovat rituaali, jonka välityksellä rukoilemme valtiolta työtä, asuntoa, terveyttä, turvallisuutta ja koulutusta. Meillä on ehdoton usko tähän demokraattiseen valtioon. Uskomme, että Hän voi huolehtia kaikesta. Hän on palkitsija, tuomari, kaikkitietävä ja kaikkivaltias. Me odotamme hänen ratkaisevan jopa kaikki henkilökohtaiset ja sosiaaliset ongelmamme.

Demokraattisen Jumalan kauneus on siinä, että Hän tekee hyviä tekojaan täysin epäitsekkäästi. Jumalana valtiolla ei ole omaa etua. Hän on puhdas yleisen edun valvoja. Hän on myös maksuton. Hän jakaa ilmaiseksi leipää, kalaa ja muita palveluksia.

Tai tältä se ainakin ihmisistä näyttää. Useimmat ihmiset näkevät yleensä vain valtion tarjoamat etuudet, mutta eivät kustannuksia. Yksi syy tähän on se, että valtio kerää veroja joka käänteessä ja epäsuorasti – esimerkiksi vaatimalla yrityksiä keräämään arvonlisäveroa, vaatimalla työnantajat keräämään sosiaaliturvamaksuja, lainaamalla rahaa rahoitusmarkkinoilta (jonka nykyiset tai tulevat veronmaksajat joutuvat joskus maksamaan takaisin) tai inflatoimalla rahakantaa niin, että ihmiset eivät ymmärrä, kuinka paljon valtio todellisuudessa takavarikoi heidän tuloistaan. Toinen syy on se, että valtion toimien tulokset ovat näkyviä ja konkreettisia, mutta kaikki ne asiat, jotka olisi tehty tai olisi voitu tehdä, jos valtio ei olisi takavarikoinut ihmisten rahoja, pysyvät näkymättöminä. Valtion hankkimat hävittäjät ovat kaikkien nähtävillä, mutta kaikki ne asiat, jotka jäävät tekemättä, koska kansan rahaa käytettiin sotakoneisiin, ovat näkymättömiä.

Demokraattinen usko on juurtunut niin syvälle, että demokratia on suurimmalle osalle ihmisistä synonyymi kaikelle, mikä on (poliittisesti) oikeaa ja moraalista. Demokratia tarkoittaa vapautta (jokaisella on oikeus äänestää), tasa-arvoa (jokainen ääni on samanarvoinen), oikeudenmukaisuutta (laki on kaikille sama), yhtenäisyyttä (päätämme kaikki yhdessä), rauhaa (demokratiat eivät koskaan aloita epäoikeudenmukaisia sotia). Näin ajateltuna ainoa vaihtoehto demokratialle on diktatuuri. Ja diktatuuri edustaa, tietenkin, kaikkea pahaa: vapauden puutetta, epätasa-arvoa, sotaa ja epäoikeudenmukaisuutta.

Kuuluisassa esseessään v. 1989 "Historian loppu?", neokonservatiivinen ajattelija Francis Fukuyama meni jopa niin pitkälle, että julisti modernin länsimaisen demokraattisen järjestelmän olevan ihmiskunnan poliittisen kehityksen huipentuma. Tai, kuten hän asian ilmaisi, tänään olemme todistamassa "länsimaisen liberaalin demokratian yleismaailmallistumista *ihmishallinnon lopullisena muotona*". Ilmeisesti vain hyvin pahat mielet (terroristit, fundamentalistit ja fasistit) uskaltaisivat vastustaa tällaista pyhää ajatusta.

Demokratia on kollektivismi

Tämä on kuitenkin juuri sitä mitä teemme tässä kirjassa: vastustamme demokratian Jumalaa, erityisesti kansallista parlamentaarista demokratiaa. Demokraattinen päätöksentekomalli on käyttökelpoinen joissain yhteyksissä, kuten pienissä yhteisöissä tai yhdistyksissä. Mutta kansallisella parlamentaarisella demokratialla, joka vallitsee lähes kaikissa länsimaissa, on paljon enemmän haittoja kuin etuja. Väitämme parlamentaarisen demokratian olevan epäoikeudenmukainen, johtavan byrokratiaan ja pysähtyneisyyteen, heikentävän vapautta, riippumattomuutta ja yritteliäisyyttä, sekä johtavan väistämättä vihamielisyyteen, asioihin sekaantumiseen, passivoitumiseen ja ylikulutukseen. Eikä tämä johdu tiettyjen poliitikkojen epäonnistumisesta työssään tai siitä, että väärä puolue on vallassa, vaan siitä, että demokraattinen järjestelmä käytännössä toimii näin.

Demokratian tunnusmerkki on se, että "kansa" päättää miten yhteiskunnan tulisi järjestäytyä. Toisin sanoen, me kaikki "yhdessä" päätämme kaikesta, joka koskee meitä. Kuinka korkeita verojen pitäisi olla, kuinka paljon rahaa käytetään lasten- ja vanhustenhoitoon, missä iässä ihmiset saavat nauttia alkoholia, kuinka paljon työnantajien on maksettava eläkemaksuja työntekijöistään, mitä tietoja tulee laittaa tuoteselosteeseen, mitä lasten täytyy oppia koulussa, kuinka paljon rahaa pitäisi käyttää kehitysapuun, uusiutuviin energialähteisiin, liikuntakasvatukseen tai orkestereihin, miten baarin omistajan pitäisi hoitaa baariaan ja saavatko hänen asiakkaansa tupakoida baarissa, miten talot tulee rakentaa, kuinka korkeita korkojen pitäisi olla, kuinka paljon rahaa tarvitaan kiertämään taloudessa, pitäisikö pankit konkurssin uhatessa pelastaa veronmaksajien rahoilla, kuka saa kutsua itseään lääkäriksi, kuka saa perustaa sairaalan, saavatko elämäänsä väsyneet ihmiset kuolla ja milloin kansakunta on sodassa. Demokratiassa "kansan" odotetaan päättävän kaikista näistä asioista – ja tuhansista muista.

Näin ollen demokratia on määritelmällisesti *kollektivistinen* järjestelmä. Se on sosialismia takaoven kautta. Perusajatus on, että on sekä toivottavaa että oikein, että kaikki tärkeät yhteiskunnan fyysistä, sosiaalista ja taloudellista järjestäytymistä koskevat päätökset hoitaa kollektiivi, kansa. Ja kansa valtuuttaa edustajansa parlamentissa – toisin sanoen, valtion – tekemään nämä päätökset puolestaan. Toisin sanoen, demokratiassa koko yhteiskunnan rakenne on sovitettu valtioon.

On selvästi harhaanjohtavaa väittää, että demokratia olisi jotenkin ihmiskunnan poliittisen evoluution väistämätön huipentuma. Se on vain propagandaa, jolla peitellään sitä, että demokratia edustaa tiettyä poliittista suuntausta. Ja jolle on todella paljon järkeviä vaihtoehtoja.

Yksi näistä vaihtoeh-
doista on vapaus. Tai
liberalismi – sanan
klassisessa merkityk-
sessä (joka merkitsee
aivan eri asiaa kuin
nykyisin Yhdysvalloissa
käytetty sana

> *Ei ole vaikea ymmärtää, että vapaus ei ole sama kuin demokratia. Mietipä tätä: päätämmekö demokraattisesti, kuinka paljon rahaa kaikkien pitäisi käyttää vaatteisiin?*

liberalismi). Ei ole vaikea ymmärtää, että vapaus ei ole sama kuin demokratia. Mietipä tätä: päätämmekö demokraattisesti, kuinka paljon rahaa kaikkien pitäisi käyttää vaatteisiin? Tai missä supermarketissa käymme? Selvästikään emme. Jokainen päättää näistä asioista itse. Ja tämä valinnanvapaus toimii hyvin. Joten miksi se toimii paremmin, jos kaikki muut meihin vaikuttavat asiat – työelämästä, terveydenhuollosta ja eläkkeestä pubeihin ja klubeihin – päätetään demokraattisesti?

Itse asiassa, voisiko olla niin, että juuri tämä tosiasia – että päätämme kaikesta demokraattisesti, että käytännössä kaikkia taloudellisia ja sosiaalisia seikkoja ohjaa valtio tai niitä ohjataan valtion kautta – on perimmäinen syy monille yhteiskunnassamme vialla oleville asioille? Että byrokratia, toisten asioihin sekaantuminen, toisten kustannuksella eläminen, rikollisuus, korruptio, työttömyys, inflaatio, vaatimaton koulutusstandardi, jne. eivät johdukaan demokratian *puutteesta,* vaan *itse* demokratiasta? Että ne kuuluvatkin demokratiaan, kuten tyhjät kaupat ja Trabant-autot kommunismiin?

Tämän haluamme todistaa teille tässä kirjassa.

Tämä kirja on jaettu kolmeen osaan. Ensimmäisessä osassa keskustelemme uskostamme parlamentaarisen demokratian Jumalaan. Kuten kaikissa uskonnoissa, demokratiassa on joukko uskomuksia – oppeja, jotka kaikki hyväksyvät kiistattomina totuuksina. Esitämme ne kolmentoista yleisen demokratian myytin muodossa.

Toisessa osassa kerromme demokraattisen järjestelmän käytännön seurauksista. Pyrimme osoittamaan, miksi demokratia väistämättä johtaa pysähtyneisyyteen ja mikä tekee siitä tehottoman ja epäoikeudenmukaisen.

Kolmannessa osiossa esittelemme vaihtoehdon demokratialle, nimittäin järjestelmän, joka perustuu yksilön itsemääräämisoikeuteen, jolle on ominaista hajauttaminen, paikallishallinto ja monimuotoisuus.

Huolimatta kritiikistämme nykyistä kansallista demokraattista järjestelmää kohtaan, olemme optimistisia tulevaisuuden suhteen. Yksi syy monien ihmisten pessimistisyyteen on, että he tuntevat, ettei nykyinen järjestelmä johda mihinkään, mutta he eivät osaa myöskään kuvitella houkuttelevaa vaihtoehtoa. He tietävät, että valtio hallitsee suurelta osin heidän elämäänsä, mutta he eivät pysty hallitsemaan valtiota. Ainoat vaihtoehdot, joita he osaavat kuvitella, ovat diktatuurin muotoja, kuten "Kiinan malli" tai jonkin muotoinen nationalismi tai fundamentalismi.

Mutta siinä he ovat väärässä. Demokratia ei tarkoita vapautta. Se on yhtälailla diktatuurin muoto – enemmistön ja valtion diktatuuri. Se ei myöskään ole synonyymi oikeudenmukaisuudelle, tasa-arvolle, solidaarisuudelle tai rauhalle.

Demokratia järjestelmänä otettiin käyttöön useimmissa länsimaissa noin 150 vuotta sitten useista eri syistä. Yksi syy oli saavuttaa sosialistiset ideat liberaaleissa yhteiskunnissa. Olivatpa syyt tuolloin mitkä tahansa, nykyään ei ole olemassa hyvää syytä säilyttää kansallista parlamentaarista demokratiaa. Se ei toimi enää. On aika uuden vapauden, jossa tuottavuus ja solidaarisuus eivät ole organisoitu demokraattisen diktatuurin lähtökohdista, vaan ovat seurausta ihmisten välisestä vapaaehtoisesta vuorovaikutuksesta. Toivomme vakuuttavamme lukijamme, että mahdollisuus toteuttaa tällainen ideaali on suurempi kuin monet ihmiset nykyään saattavat kuvitella – ja että se on myös tavoittelemisen arvoinen.

I. Demokratian myytit

Myytti 1
Jokainen ääni ratkaisee

Tätä kuulemme aina vaalien aikana. Väitettä, että sinun äänelläsi todellakin on merkitystä. Mikä on totta – yhden suhteella sataan miljoonaan (jos puhumme Yhdysvaltain presidentinvaaleista). Mutta, jos vaikutuksesi' äänestyksen lopputulokseen on yksi 100 miljoonasta tai 0,000001 %, niin käytännössä vaikutus on nolla. (Suom. huom. Sama koskee Suomea, yksi vajaasta neljästä ja puolesta miljoonasta tai 0,00002 % on käytännössä yhtä kuin nolla.) Mahdollisuus, että juuri sinun äänesi ratkaisee vaalien voittajan, on tähtitieteellisen pieni.

Ja itse asiassa, tilanne on vielä huonompi, koska äänesi ei ole korvamerkitty tiettyyn politiikkaan tai päätökseen. Se on ääni ehdokkaalle tai poliittiselle puolueelle, joka tekee päätökset *puolestasi*. Mutta sinulla ei käytännössä ole minkäänlaista vaikutusta edustajan tai puolueen tekemiin päätöksiin! Et voi kontrolloida heitä. Neljän vuoden ajan he voivat päättää oman mielensä mukaan, etkä voi tehdä asialle mitään. Voit pommittaa heitä sähköposteilla, rukoilla polvillasi heidän edessään tai kirota heidät – mutta viime kädessä he kuitenkin päättävät.

Joka vuosi hallitus tekee useita tuhansia päätöksiä. Tällä yhdellä äänelläsi jollekin, joka voi tehdä mitä tahansa

Äänestäminen on vapauden vaihtamista illuusioon vaikutusvallasta.

päätöksiä konsultoimatta sinua, ei ole merkittävää vaikutusta yhteenkään noista päätöksistä.

Antamasi ääni ei yleensä ole edes todellinen valinta. Se on enemmänkin osoitus epämääräisistä mieltymyksistä. Harvoin löytyy henkilöä tai poliittista puoluetta, jonka kanssa olet kaikilta osin samaa mieltä. Oletetaan, että et halua rahaa käytettävän kehitysapuun tai Afganistanin sotaan. Voit äänestää puoluetta, joka vastustaa sitä. Mutta ehkä tämä puolue kannattaa myös eläkeiän nostamista, mistä satut taas olemaan eri mieltä.

Kaiken lisäksi, kun äänestämäsi puolue tai ehdokas on tullut valituksi, se rikkoo liian usein vaalilupauksensa. Ja mitä sinä sille voit tehdä? Sinun pitäisi pystyä haastamaan heidät petoksesta, mutta et voi. Parhaassa tapauksessa voit vain äänestää toista puoluetta tai ehdokasta neljän vuoden kuluttua – yhtä huonoin tuloksin.

Äänestäminen on vapauden vaihtamista illuusioon vaikutusvallasta. Kun Matti tai Maija käyvät vaaliuurnalla, he luulevat vaikuttavansa suuntaan, mihin maa on menossa. Tämä on totta vain hyvin vähäisessä määrin. Samaan aikaan 99,9999 % äänestäjistä päättää suunnan, johon Matin ja Maijan elämä on menossa. Näin he menettävät paljon enemmän valtaa omaan elämäänsä, kuin saavat vaikutusvaltaa toisten elämään. Heillä olisi paljon enemmän vaikutusvaltaa, jos he vain voisivat tehdä omia valintojaan. Jos he esimerkiksi voisivat itse päättää, mihin rahansa käyttävät maksamatta ensin puolta tuloistaan valtiolle erilaisten verojen muodossa.

Toinen esimerkki: demokraattisessa järjestelmässä ihmisillä on hyvin vähän suoria vaikutusmahdollisuuksia lastensa koulutukseen. Jos he haluavat muuttaa opetusmenetelmiä ja haluavat enemmän vaikutusvaltaa kuin vain äänestäminen, heidän täytyy liittyä eturyhmään tai perustaa sellainen, esittää nykyisille poliitikoille vetoomuksia tai järjestää mielenosoituksia hallintorakennusten edessä. On olemassa vanhempien organisaatioita, jotka yrittävät vaikuttaa koulutuspolitiikkaan tällä tavalla. Se vie paljon aikaa ja energiaa eikä sillä käytännössä ole mitään vaikutusta. Olisi äärettömän paljon yksinkertaisempaa ja tehokkaampaa, jos valtio ei sekaantuisi koulutukseen, vaan opettajat, vanhemmat ja oppilaat voisivat itse valita, niin yksin kuin yhdessä.

Mutta tietenkin hallitseva luokka kannustaa alituisesti ihmisiä äänestämään. He korostavat aina, että äänestämällä ihmiset pystyvät todellakin vaikuttamaan hallituksen politiikkaan. Mutta todellisuudessa se, mikä heille jotain merkitsee, on suuri äänestysprosentti, jolla he saavat ns. hyväksymisleiman; moraalisen oikeuden hallita ihmisiä.

Monet ihmiset uskovat vaaleihin osallistumisen olevan moraalinen velvollisuus. Usein sanotaan, että jos et äänestä, sinulla ei myöskään ole oikeutta ilmaista mielipidettäsi julkisissa keskusteluissa tai valittaa poliittisista päätöksistä. Loppujen lopuksi, jos et äänestä, mielipiteelläsi ei ole enää merkitystä.

Ihmiset, jotka näin väittävät, eivät ilmeisesti osaa kuvitella, että on olemassa myös ihmisiä, jotka kieltäytyvät ostamasta demokratian myymää illuusiota vaikutusmahdollisuudesta. He kärsivät Tukholman syndroomasta. He ovat alkaneet rakastaa vangitsijoitaan eivätkä ymmärrä olevansa luopumassa itsemääräämisoikeudestaan poliitikkojen ja hallitsijoiden vallan hyväksi.

Myytti 2
Demokratiassa määrää kansa

Tämä on demokratian perusajatus. Ja sitä demokratia kirjaimellisesti tarkoittaa, kansanvaltaa. Mutta hallitsevatko ihmiset todellakin demokratiassa?

Ensimmäinen ongelma on, että "kansaa" ei ole olemassakaan. On vain miljoonia yksilöitä monine mielipiteineen ja kiinnostuksenkohteineen. Kuinka he voisivat yhdessä hallita? Se on mahdotonta. Kuten hollantilainen koomikko kerran sanoi: "Demokratia on kansan tahto. Joka aamu yllätyn lukiessani lehdestä, mitä haluan."

Totta puhuen, kukaan ei tule sanomaan, että "kuluttaja haluaa Microsoftia" tai "kansa haluaa Pepsiä". Jotkut haluavat, jotkut eivät. Sama pätee poliittisiin mieltymyksiin.

Sitä paitsi, "kansa" ei oikeasti päätä demokratiassa, vaan "enemmistö" kansasta, tai pikemminkin, enemmistö äänestäjistä. Vähemmistö ei ilmeisesti kuulu "kansaan". Tämä tuntuu hieman oudolta. Eikö jokainen ihminen ole osa kansaa? Jonkun tietyn supermarketin asiakkaana et halua toisen supermarketin ruokaa pakotettavan alas kurkustasi, mutta juuri näin asiat demokratiassa toimivat. Jos satut kuulumaan vaaleissa hävinneeseen puoleen, sinun täytyy tanssia voittajien pillin mukaan.

Mutta hyvä on, olettakaamme, että enemmistö on sama kuin kansa. Onko siinä tapauksessa todella totta, että kansa päättää? Katsotaanpa. On olemassa kahdenlaisia demokratioita: suoria ja epäsuoria (edustuksellisia). Suorassa demokratiassa jokainen äänestää jokaisesta päätöksestä kansanäänestyksellä. Epäsuorassa demokratiassa ihmiset äänestävät muita ihmisiä päättämään puolestaan. Selvästikin jälkimmäisessä tapauksessa kansalla on paljon vähemmän sananvaltaa kuin ensimmäisessä. Kuitenkin lähes kaikki nykyaikaiset demokratiat ovat epäsuoria, vaikkakin ne voivat silloin tällöin järjestää kansanäänestyksiä.

Edustuksellisen järjestelmän oikeutukseksi väitetään, että a) olisi epäkäytännöllistä järjestää kansanäänestys kaikista niistä monista päätöksistä, joita hallituksen on tehtävä joka päivä ja b) ihmisillä ei ole tarpeeksi asiantuntemusta päättää kaikenlaisista monimutkaisista asioista.

Argumentti a) on saattanut aiemmin olla uskottava, koska oli vaikeaa tarjota jokaiselle ihmiselle tarvittavaa tietoa ja antaa heidän sanoa mielipiteensä, paitsi hyvin pienissä yhteisöissä. Nykyään tämä väite ei enää ole pätevä. Internetin ja muun nykyaikaisen viestintätekniikan avulla on helppo antaa suurten ryhmien osallistua päätöksentekoprosesseihin ja järjestää kansanäänestyksiä. Silti tätä ei juuri koskaan tapahdu. Miksi ei järjestetä kansanäänestystä siitä, pitäisikö Yhdysvaltojen lähteä sotimaan Afganistaniin, Libyaan tai johonkin muualle? Loppujen lopuksi, kansa hallitsee, eikö? Miksi he eivät sitten voi tehdä päätöksiä asioista, joilla on näin ratkaiseva merkitys heidän elämässään? Itse asiassa, kaikki tietenkin tietävät, että hallitus tekee monia sellaisia päätöksiä, joita enemmistö ei äänestyksessä tukisi. Ajatus siitä, että "kansa hallitsee" on pelkkä myytti.

Mutta entä argumentti b)? Eivätkö useimmat kysymykset ole liian monimutkaisia kansanäänestykselle? Tuskin. Pitäisikö moskeija rakentaa jonnekin, mikä pitäisi olla laillinen ikä alkoholin nauttimiseen, kuinka kova vähimmäisrangaistuksen pitäisi tietyissä rikoksissa olla, onko rakennettava enemmän vai vähemmän moottoriteitä, kuinka suuri valtion velan pitäisi olla, pitäisikö joku maa vallata vai ei, ja niin edelleen – nämä ovat kaikki melko selkeitä ehdotuksia. Jos hallitsijamme ottaisivat demokratian vakavasti, eikö heidän ainakin pitäisi antaa ihmisten äänestää suoraan useista niistä?

Vai tarkoittaako väite b) sitä, että ihmiset eivät ole tarpeeksi älykkäitä voidakseen muodostaa järkeviä mielipiteitä erilaisista sosiaalisista ja taloudellisista

> Demokratiassa ei vallitse "kansan", vaan ammattilobbaajien, eturyhmien ja aktivistien johdattelemien politiikkojen tahto.

kysymyksistä? Jos näin on, miten he voivat olla tarpeeksi älykkäitä ymmärtämään erilaisia vaaliohjelmia ja äänestämään niiden perusteella? Jokaisen demokratian puolesta puhuvan täytyy vähintäänkin olettaa, että ihmiset tietävät yhtä sun toista asioista, ja pystyvät ymmärtämään selkokieltä. Sitä paitsi, miksi valtaan äänestetyt poliitikot olisivat välttämättä älykkäämpiä, kuin äänestäjät, jotka valitsevat heidät? Onko poliitikoilla salaperäisesti pääsy tiedon ja viisauden lähteeseen, mitä äänestäjillä taas ei ole? Vai onko heillä korkeammat moraaliset arvot, kuin tavallisella kansalaisella? Näistä ei ole minkäänlaista näyttöä.

Demokratian puolustajat todennäköisesti väittävät, että vaikka ihmiset eivät ole tyhmiä, kenelläkään ei ole riittävästi tietoa ja älyä tehdä päätöksiä monimutkaisissa, miljoonien ihmisten elämään syvästi vaikuttavissa asioissa. Tämä on epäilemättä totta, mutta sama koskee poliitikkoja ja virkamiehiä, jotka näitä päätöksiä demokratiassa tekevät. Miten he esimerkiksi voivat tietää, millaista koulutusta vanhemmat, opettajat ja opiskelijat haluavat? Tai mikä on paras koulutus? Kaikilla ihmisillä on omat toiveensa ja näkemyksensä siitä, mitä on hyvä koulutus. Ja useimmat ovat myös tarpeeksi älykkäitä vähintään päättämään, mikä on hyvää heille itselleen ja heidän lapsilleen. Mutta tämä on vastoin demokratian keskitettyä yhden koon lähestymistapaa.

Näyttää siis siltä, että demokratiassamme kansa ei määrää lainkaan. Tämä ei todellakaan ole yllätys. Kaikki tietävät, että hallitukset tekevät säännöllisesti päätöksiä, joita useimmat ihmiset vastustavat. Demokratiassa ei vallitse "kansan", vaan ammattilobbaajien, eturyhmien ja aktivistien johdattelemien politiikkojen tahto. Isot öljy-yhtiöt, maatalousyritykset, terveydenhoitoyritykset, lääkeyritykset, sotateollisuus, pörssiyritykset – kaikki ne tietävät, miten saada järjestelmä toimimaan heidän edukseen. Pieni eliitti tekee päätöksiä – usein kulissien takana. Antamatta "kansan" tahdon häiritä, he tuhlaavat säästömme sota- ja tukiohjelmiin, sallivat vain muutamien kansalaisten hyväksymän massamaahanmuuton, aikaansaavat valtavia alijäämiä, vakoilevat kansalaisiaan, aloittavat vain muutamien kansalaisten haluamia sotia, kuluttavat rahaamme eturyhmien tukiin, tekevät sopimuksia – kuten EU:n rahaliitto tai NAFTA – jotka hyödyttävät tuottamattomia tuottavien kustannuksella. Halusimmeko me kaikki tätä demokraattisesti vai oliko se sitä, mitä hallitsijat halusivat?

Kuinka moni todellakin vapaaehtoisesti siirtäisi tuhansia dollareita hallituksen pankkitilille, jotta sotilaat voivat taistella Afganistanissa heidän nimissään? Miksi emme edes kerran kysy kansalta? Eivätkö he hallitsekaan?

Usein sanotaan, että demokratia on hyvä tapa rajoittaa hallitsijoiden valtaa, mutta kuten voimme nähdä, tämä on taas vain yksi myytti. Hallitsijat voivat melko lailla tehdä mitä haluavat!

Lisäksi poliitikkojen valta ulottuu paljon pidemmälle kuin heidän tekonsa parlamentissa ja hallituksessa. Kun äänestäjät pudottavat heidät vallasta, he päätyvät usein tuottoisiin työpaikkoihin lukemattomiin valtion kanssa läheisesti symbioosissa oleviin organisaatioihin – yleisradioyhtiöt, ammattiliitot, asuntosäätiöt, yliopistot, kansalaisjärjestöt, edunvalvontaryhmät, ajatushautomot, ja tuhannet konsulttiyritykset, jotka elävät valtiosta, kuin homesienet lahosta puunrungosta. Toisin sanoen, hallituksen vaihtuminen ei välttämättä tarkoita vallan vaihtumista yhteiskunnassa. Demokraattinen vastuullisuus on paljon suppeampaa, kuin miltä se näyttää.

On myös huomionarvoista, että vaaleihin osallistuminen Yhdysvalloissa on kaikkea muuta kuin helppoa. Voidakseen olla ehdolla liittovaltion vaaleissa, ehdokkaan pitää täyttää 500 sivuisen lainsäädännön vaatimukset. Säännöt ovat niin monimutkaisia, että maallikot eivät voi niitä ymmärtää.

Kaikesta tästä huolimatta, demokratian kannattajat väittävät aina hallituksen laatiessa minkä tahansa uuden lain, että "me" äänestimme sen puolesta. Tämä tarkoittaa, että "meillä" ei ole enää oikeutta vastustaa tällaista toimenpidettä. Tätä argumenttia käytetään kuitenkin harvoin johdonmukaisesti. Homot käyttävät sitä puolustaessaan homojen oikeuksia, mutta eivät hyväksy sitä demokraattisen maan kieltäessä homoseksuaalisuuden. Ympäristöaktivistit vaativat, että demokraattisesti päätetyt ympäristötoimet pannaan täytäntöön, mutta ottavat vapauden protestoida laittomasti, jos ovat eri mieltä muista demokraattisista päätöksistä. Näissä tapauksissa "emme" ilmeisesti äänestäneet sitä.

Myytti 3
Enemmistö on oikeassa

Olettakaamme hetken aikaa, väitteen vuoksi, että kansa todellakin hallitsee demokratiassa ja että jokaisella äänellä on oikeasti merkitystä. Onko tämän prosessin tulos automaattisesti oikea tai hyvä? Loppujen lopuksi tämä on syy, miksi meillä on demokratia, eikö totta – jotta voimme tehdä oikein? On kuitenkin vaikea ymmärtää, miksi tai miten demokraattinen prosessi välttämättä johtaisi hyviin tai oikeisiin tuloksiin. Vaikka useat ihmiset uskovat johonkin, se ei tee siitä vielä totta. Menneisyydessä on paljon esimerkkejä kollektiivisista harhaluuloista. Esimerkiksi, ihmisillä oli tapana ajatella, etteivät eläimet tunne kipua tai että maa oli litteä, tai että kuningas tai keisari oli Jumalan edustaja maan päällä.

Eihän mikään ole moraalisesti oikein tai reilua vain siksi, että useimmat ihmiset kannattavat sitä. Mieti kaikkia niitä kollektiivisia rikoksia, joita ihmiset ovat menneisyydessä tehneet. Useimmat ihmiset hyväksyivät täysin kammottavat asiat, kuten orjuuden tai juutalaisvainot.

Hyväksykäämme se tosiasia, että ihmisten äänestyskäyttäytymistä ohjaa yleensä oman edun tavoittelu. He äänestävät puolueita, joista he itse kuvittelevat hyötyvänsä eniten. He tietävät, että

> Demokratiassa enemmistön tahto voittaa moraaliset seikat. Määrä voittaa laadun - joukko ihmisiä, joka haluaa jotain, jyrää moraaliset ja rationaaliset seikat.

hyötyjen myötä tulevat kulut maksetaan kaikkien kesken. Onko tämä oikeudenmukaista tai toivottavaa? Kiusallinen totuus on, että ihmiset kannattavat demokratiaa todennäköisimmin siksi, että he toivovat tai odottavat kuuluvansa enemmistöön, jotta he voivat hyötyä muiden vaurauden ryöstämisestä. He toivovat, että heidän taakkansa jaetaan muiden kanssa ja että muut maksavat heidän etunsa. Se on pikemminkin moraalisen käyttäytymisen vastakohta.

Liioittelemmeko? Jos sinä ja ystäväsi ryöstätte jonkun kadulla, saatte rangaistuksen. Jos enemmistö hyväksyy lain vähemmistön ryöstämiseksi (esimerkiksi uuden alkoholi- tai tupakkaveron), se on demokraattinen päätös, ja siksi laillinen. Mutta miten se eroaa katuryöstöstä?

Kun ajattelet sitä, sinun täytyy tehdä päätelmä, että demokratian perusmekanismi – se, että enemmistöllä on valta – on pohjimmiltaan moraalitonta. Demokratiassa enemmistön tahto voittaa moraaliset seikat. Määrä voittaa laadun – joukko ihmisiä, joka haluaa jotain, jyrää moraaliset ja rationaaliset seikat.

1800-luvun brittiläisellä poliitikolla ja kirjailijalla Auberon Herbertillä oli sanansa sanottavana demokratian logiikasta ja moraalista:

"Huoneessa on viisi miestä. Kolmella miehistä on sama näkökulma ja kahdella toinen; onko noilla kolmella miehellä mitään moraalista oikeutta pakottaa kaksi muuta ajattelemaan samoin kuin he? Minkä maagisen voiman avulla nämä kolme miestä yhtäkkiä omistaisivat kahden muun miehen mielen ja kehon vain siksi, että heitä on määrällisesti yksi enemmän? Niin kauan kuin oli kaksi kahta vastaan, niin kauan voimme olettaa, että jokainen vastasi itse omasta mielestään ja kehostaan. Mutta siitä hetkestä lähtien, kun mukaan tuli vielä yksi mies, vain taivas tietää hänen motiivinsa, ja liittyi jompaankumpaan seurueeseen, josta sitten välittömästi tuli toisen seurueen sielujen ja ruumiiden omistaja. Onko koskaan ollut olemassa tällaista halventavaa ja perusteetonta taikauskoa? Eikö se ole suoraa perua vanhasta taikauskosta keisareihin ja ylipappeihin ja heidän määräysvallastaan ihmisten sieluihin ja kehoihin?"

Myytti 4
Demokratia on poliittisesti neutraali

Demokratia on yhteensopiva kaikkien poliittisten suuntausten kanssa. Äänestäjät määrittävät vallassa olevan puolueen tai puolueiden poliittiset linjaukset. Näin järjestelmä itse on politiikan yläpuolella: se ei ole vasemmalla eikä oikealla, ei sosialistinen eikä kapitalistinen, ei konservatiivinen eikä progressiivinen. Tältä se voi näyttää. Tämä on kuitenkin vain osatotuus. Todellisuudessa demokratia ilmentää tiettyä poliittista suuntausta.

Demokratia on määritelmällisesti *kollektivistinen* idea; ajatus, että kaikesta on päätettävä yhdessä ja että kaikkien on sitten noudatettava niitä päätöksiä. Tämä tarkoittaa sitä, että demokratiassa jokseenkin kaikki asiat ovat julkisia. *Tälle kollektivisoinnille ei ole perustuksellisia rajoja.* Jos enemmistö (tai pikemminkin hallitus) haluaa, se voi päättää, onko meidän kaikkien käytettävä kaduilla kävellessämme haarniskaa, koska näin on turvallisempaa. Tai pukeutua kuin pellet, koska se saisi ihmiset nauramaan. Mikään yksilönvapaus ei ole pyhää. Tämä jättää oven auki yhä lisääntyvään hallituksen yksityisiin asioihin puuttumiseen. Ja alati kasvava toisten asioihin sekaantuminen on juuri sitä, mitä demokraattisissa yhteiskunnissa tapahtuu.

On totta, että poliittiset trendit voivat vaihdella ja usein tapahtuu myös vastareaktioita – esimerkiksi enemmästä sääntelystä vähempään – mutta pitkällä aikavälillä länsimaiset demokratiat ovat vakaasti edenneet suurempaan valtion puuttumiseen asioihin, suurempaan riippuvuuteen valtiosta ja suurempiin julkisiin menoihin.

Tämä ei ehkä ollut niin näkyvää kylmän sodan aikana, kun läntisiä demokratioita vertailtiin totalitaarisiin valtioihin, kuten Neuvostoliitto ja Maon Kiina, koska vertailu sai länsimaat näyttämän suhteellisen vapailta. Noina päivinä oli vaikeammin havaittavissa, että myös meistä itsestämme oli tulossa yhä enemmän ja enemmän kollektivistisempia. 1990-luvulta lähtien, kommunismin romahdettua, kävi kuitenkin selväksi, että hyvinvointivaltiomme olivat jo pitkään edenneet samaan suuntaan. Nyt hiljattain kehittyneet taloudet ohittavat meidät tarjoamalla enemmän vapautta, matalampia veroja ja vähemmän sääntelyä, kuin omat järjestelmämme.

Tietenkin monet demokraattiset poliitikot sanovat kannattavansa "vapaita markkinoita". Heidän tekonsa osoittavat kuitenkin toista. Republikaaneja pidetään usein vapaan yrittäjyyden puolueena. Käytännössä se on kuitenkin omaksunut kaikki vasemmiston ajamat interventionistiset periaatteet – hyvinvointivaltio, korkeat verot, korkeat julkiset menot, julkinen asuntorakentaminen, työlainsäädäntö, minimipalkat, ulkomaiset interventiot – ja lisännyt joitain omia periaatteitaan, kuten pankkien ja suuryritysten tuet ja lakeja uhrittomia rikoksia, kuten huumeidenkäyttöä ja prostituutiota, vastaan. Satunnaisista sääntelyn peruuttamisista ja purkamisista huolimatta, molemmat vallassa olevat puolueet ovat tasaisesti kasvattaneet valtion valtaa, vaikka republikaanit kovasti väittävätkin kannattavansa vapaata yrittäjyyttä. Itseasiassa "konservatiivisen" republikaani-presidentti Ronald Reaganin valtakautena valtion menot kasvoivat eivätkä laskeneet. George W. Bushin republikaanihallinnon aikana valtion menot eivät pelkästään nousseet vaan suorastaan räjähtivät. Tämä osoittaa, että demokratia ei ole neutraali vaan pyrkii luonnostaan kohti kollektivismin ja valtion vallan kasvua, huolimatta siitä kuka on vallassa.

Government Spending, % of GDP

	1870	1913	1920	1937	1960	1980	1990	2000	2005	2009
Austria	10.5	17	14.7	20.6	35.7	48.1	38.6	52.1	50.2	52.3
Belgium	8	13.8	22.1	21.8	30.3	58.6	54.8	49.1	52	54
Britain	9.4	12.7	26.2	30	32.2	43	39.9	36.6	40.6	47.2
Canada			16.7	25	28.6	38.8	46	40.6	39.2	43.8
France	12.6	17	27.6	29	34.6	46.1	49.8	51.6	53.4	56
Germany	10	14.8	25	34.1	32.4	47.9	45.1	45.1	46.8	47.6
Italy	13.7	17.1	30.1	31.1	30.1	42.1	53.4	46.2	48.2	51.9
Japan	8.8	8.3	14.8	25.4	17.5	32	31.3	37.3	34.2	39.7
Netherlands	9.1	9	13.5	19	33.7	55.8	54.1	44.2	44.8	50
Spain		11	8.3	13.2	18.8	32.2	42	39.1	38.4	45.8
Sweden	5.7	10.4	10.9	16.5	31	60.1	59.1	52.7	51.8	52.7
Switzerland	16.5	14	17	24.1	17.2	32.8	33.5	33.7	37.3	36.7
U.S.A.	7.3	7.5	12.1	19.7	27	31.4	33.3	32.8	36.1	42.2
Average	10.4	12.7	18.4	23.8	28.4	43.8	44.7	43.2	44.1	47.7

(Lähde: Economist, 17.3.2011)

Tämä yleinen suuntaus näkyy julkisten menojen tasaisena kasvuna. 1900-luvun alussa julkisten menojen osuus bruttokansantuotteesta useimmissa läntisissä demokratioissa oli tyypillisesti noin 10 %. Nyt se on noin 50 %, joten ihmistä on tullut kuusi kuukautta vuodesta valtiolle työtätekeviä orjia.

Suomessa kehitys on ollut vastaavaa. Vuonna 2014 kokonaisveroaste oli lähes 46 %. Sama näkyy julkisten menojen kehityksessä suhteessa bruttokansantuotteeseen. Se on nykyään n. 60 %. Se oikeuttaa OECD-maiden kärkisijoitukseen. (www.veronmaksajat.fi/luvut/Tilastot/Julkiset-menot/Julkisten-menojen-kehitys)

Enemmän vapaina – ja vähemmän demokraattisina – aikoina verotaakka oli paljon pienempi kuin nykyään. Vuosisatoja Englannissa oli järjestelmä, jossa kuninkaalla oli oikeus käyttää rahaa, mutta ei nostaa veroja, ja parlamentilla oli oikeus verottaa, mutta ei käyttää rahaa. Tämän seurauksena verot olivat suhteellisen matalia. 1900-luvulla, kun Britanniasta tuli demokraattisempi, verot nousivat jyrkästi.

Amerikan vallankumous alkoi uudisasukkaiden verokapinana emämaata Iso-Britanniaa vastaan. Yhdysvaltojen perustajat pitivät demokratiasta yhtä paljon, kuin he pitivät korkeista veroista, toisin sanoen, eivät lainkaan. Sana "demokratia" ei esiinny kertaakaan itsenäisyysjulistuksessa eikä perustuslaissa.

1800-luvulla verotaakka Yhdysvalloissa oli korkeintaan muutaman prosentin, paitsi sota-aikoina. Tuloveroa ei ollut ja se oli jopa perustuslaissa kielletty. Mutta, kun Yhdysvallat muuttui hajautetusta liittovaltiosta kansalliseksi parlamentaariseksi demokratiaksi, valtion valta alkoi tasaisesti kasvaa. Niinpä, esimerkiksi, vuonna 1913 otettiin käyttöön tulovero ja Yhdysvaltain keskuspankki perustettiin.

Toinen kuvaava esimerkki on nähtävissä Yhdysvaltain hallintolaissa, Code of Federal Regulations (CFR), jossa luetellaan kaikki liittovaltion hallinnon säätämät lait. Vuonna 1925 se mahtui yhteen kirjaan (sisälsi vain yhden osan). Vuonna 2010 se oli paisunut yli 200 osaan, joista yksistään hakemisto vie yli 700 sivua. Se sisältää sääntöjä kaikkeen maan ja taivaan väliltä – siihen, miltä rannekkeen pitäisi näyttää tai miten sipulirenkaat pitäisi ravintolassa valmistaa. Yksin George W. Bushin presidenttikaudella siihen lisättiin 1 000 sivua uusia lakeja joka vuosi, kertoo The Economist. Saman lehden mukaan vuosina 2001–2010 Amerikan verolainsäädäntö kasvoi 1,4 miljoonasta sanasta 3,8 miljoonaan sanaan.

Monet kongressissa ehdotetut lait ovat niin paisutettuja, että edustajat eivät edes vaivaudu lukemaan niitä ennen kuin äänestävät niistä. Lyhyesti demokratian lisääntyminen on Yhdysvalloissa johtanut huomattavasti kasvaneeseen hallituksen sekaantumiseen, vaikka ihmiset usein väittävät Amerikan olevan "vapaa" maa.

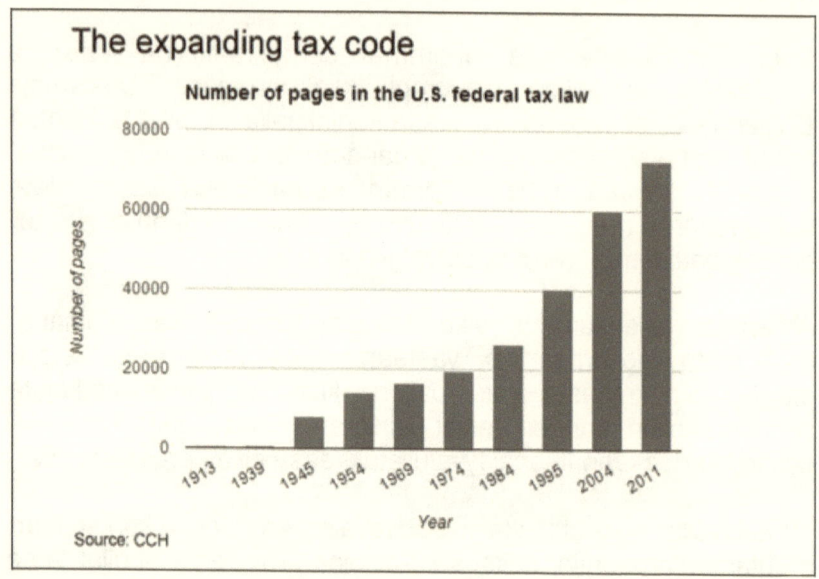

The expanding tax code

Number of pages in the U.S. federal tax law

Source: CCH

Muissakin länsimaisissa demokratioissa kehitys on ollut samanlaista. Esimerkiksi Alankomaissa, mistä tämän kirjan kirjoittajat sattumoisin ovat kotoisin, kokonaisverorasitus vuonna 1850 oli 14 prosenttia bruttokansantuotteesta. Nyt se on 55 prosenttia, Alankomaiden keskussuunniteluviraston (Dutch Central Planning Bureau) tutkimuksen mukaan. Toisen tutkimuksen mukaan valtion menojen osuus kansantulosta oli 10 prosenttia vuonna 1900 ja 52 prosenttia vuonna 2002.

Myös lakien ja asetusten määrä Alankomaissa on tasaisesti kasvanut. Scientific Research and Documentation Center of the Dutch Department of Justicen tutkimuksen mukaan, lakien määrä kasvoi 72 prosenttia 1980–2004 välisenä aikana, Vuonna 2004 Hollannissa oli yhteensä 12 000 lakia ja säädöstä, sisältäen yli 140 000 pykälää.

Ongelmana näissä kaikissa laeissa on se, että niillä on taipumus vahvistaa toisiaan. Toisin sanoen, yksi sääntö johtaa toiseen. Esimerkiksi valtion järjestämä sairausvakuutus saa aikaan sen, että hallitus yrittää pakottaa ihmisiä omaksumaan (oletettavasti) terveet elämäntavat. Loppujen lopuksi voidaan sanoa, että "me" kaikki maksamme epäterveellisesti elävien korkeita sairaanhoitokustannuksia. Tämä on totta, mutta vain koska hallitus on alun perin luonut kollektivistisen järjestelmän. Tämän tyyppinen terveysfasismi on demokraattisille maille tyypillistä ja useimmat ihmiset hyväksyvät sen rutiininomaisesti. Heidän mielestään on täysin normaalia, että hallitus määrää siitä, saavatko he syödä rasvaisia ruokia tai sokeria tai että saavatko he tupakoida tai onko käytettävä kypärää tai turvavyötä jne. Kaikki nämä ovat selviä yksilönvapauden loukkauksia.

Vapauden voitaisiin väittää lisääntyneen useilla alueilla viime vuosikymmeninä. Monissa länsimaissa yksityiset ("kaupalliset") tv-yhtiöt ovat murtaneet kansallisten asemien

> Itse asiassa, pohjimmiltaan demokratia on totalitaarinen ideologia, joskaan ei yhtä äärimmäinen, kuin natsismi, fasismi tai kommunismi.

monopoleja, kauppojen aukioloajat ovat pidentyneet, lentoliikenteen sääntelyä on purettu, telealan markkinoita vapautettu, ja monissa maissa asevelvollisuus on lakkautettu. Kuitenkin monet näistä saavutuksista on täytynyt riistää demokraattisten poliitikkojen käsistä. Monissa tapauksissa poliitikot eivät voineet pysäyttää näitä muutoksia, koska ne olivat seurausta teknisestä kehityksestä (tiedotusvälineissä tai televiestinnässä) tai muista maista johtuneista kilpailuista (kuten lentoyhtiöiden sääntelyn purkamistapauksessa). Tätä kehitystä voidaan verrata kommunismin romahtamiseen entisessä Neuvostoliitossa. Se ei tapahtunut, koska vallanpitäjät halusivat luopua vallastaan, vaan koska heillä ei ollut vaihtoehtoa – koska järjestelmä oli rikkoutunut eikä sitä voinut korjata. Samalla tavalla meidän demokraattisten poliitikkojemme on säännöllisesti luovuttava pienestä palasta valtaansa.

Mutta poliitikkomme onnistuvat yleensä saamaan takaisin menetetyn valtansa melko nopeasti. Näin valtion sekaantuminen rajoittaa yhä enemmän ja enemmän esimerkiksi internetin vapautta. Sananvapautta syövytetään syrjinnän vastaisilla laeilla. Immateriaalioikeuksia (patentit ja tekijänoikeudet) käytetään tuottajien ja kuluttajien vapauksien suitsemiseen. Markkinoiden vapauttamiseen liittyy usein uusien, markkinoiden sääntelyyn tarkoitettujen, byrokratioiden perustaminen. Näillä byrokraattisilla virastoilla on sitten taipumus kasvaa aina yhä suuremmiksi ja luoda yhä enemmän sääntöjä. Alankomaissa sektoreita, kuten energia- ja televiestintäala, todellakin vapautettiin, mutta samaan aikaan uusia sääntelyvirastoja perustettiin – kuusi niistä viimeisen kymmenen vuoden aikana.

Yhdysvalloissa, Virginian yliopiston tutkijoiden mukaan, liittovaltion sääntelyn kustannukset kasvoivat vuosina 2003–2008 3 % vuodessa 1,75 biljoonaan dollariin eli 12 % BKT. Vuoden 2008 jälkeen uutta sääntelyä otettiin käyttöön rahoitusmarkkinoilla, öljyteollisuudessa, elintarviketeollisuudessa ja epäilemättä useilla muillakin toimialoilla. Euroopassa yritysten ja kotitalouksien ei ole tultava toimeen ainoastaan kansallisten hallitusten kanssa, vaan niiden täytyy kärsiä myös ylimääräisestä, Brysselistä tulevasta Euroopan unionin sääntelystä. Ja kun taas 1990-luvulla liberalisointi oli muotia Brysselissä, suuntaus on nykyään päinvastainen: kohti yhä enempää (uudelleen)sääntelyä.

Lyhyesti sanottuna, käytännössä demokratia ei ole poliittisesti neutraalia. Järjestelmä on luonteeltaan kollektivistinen ja johtaa yhä kasvavaan valtion väliintuloon ja yhä vähempään yksilönvapauteen. Tämä on seurausta siitä, että ihmiset jatkavat vaatimusten esittämistä hallitukselle ja haluavat muiden maksavan kustannukset.

Itse asiassa, pohjimmiltaan demokratia on totalitaarinen ideologia, joskaan ei yhtä äärimmäinen, kuin natsismi, fasismi tai kommunismi. Periaatteessa mikään vapaus ei demokratiassa ole pyhää, vaan kaikki yksilön elämän osa-alueet ovat hallituksen kontrollin potentiaalisia kohteita. Loppujen lopuksi, vähemmistö on täysin enemmistön päähänpistojen armoilla. Vaikka demokratiassa on hallituksen valtaa rajoittava perustuslaki, enemmistö voi muuttaa tätä perustuslakia. Ainoa perusoikeus demokratiassa ehdolle asettumisen lisäksi on, että sinulla on oikeus äänestää poliittista puoluetta. Tämän yhden ainoan äänen mukana luovutat itsenäisyytesi ja vapautesi enemmistön tahdolle.

Todellista vapautta on oikeus voida *olla* osallistumatta järjestelmään ja *olla* maksamatta siitä. Kuluttajana et ole vapaa, jos sinut pakotetaan valitsemaan eri televisioiden väliltä, huolimatta valittavissa olevien merkkien määrästä. Olet vapaa ainoastaan, jos voit myös päättää *olla* ostamatta TV:tä. Demokratiassa sinun täytyy ostaa sitä, mitä enemmistö on valinnut – halusit sitä tai et.

Myytti 5
Demokratia johtaa vaurauteen

Monet demokraattiset maat ovat vauraita, ja siksi ihmiset ajattelevat usein, että demokratia on välttämätöntä vaurauden saavuttamiseksi. Itse asiassa, tilanne on päinvastainen. Demokratia ei johda vaurauteen, se *tuhoaa* varallisuutta.

On totta, että monet *länsimaiset* demokratiat ovat vauraita. Muualla maailmassa tätä korrelaatiota ei voi nähdä. Singapore, Hong Kong ja useat arabimaat eivät ole demokraattisia, mutta ovat silti vauraita. Monet Afrikan ja Latinalaisen Amerikan maat ovat demokraattisia, mutta eivät vauraita, pientä eliittiä lukuun ottamatta. Länsimaat eivät ole vauraita demokratian ansiosta, vaan siitä huolimatta. Niiden vauraus johtuu näille maille ominaisesta vapauden perinteestä, jonka vuoksi valtio ei vielä täydellisesti kontrolloi taloutta. Mutta demokratia heikentää tätä perinnettä vääjäämättä. Yksityistä sektoria murretaan tasaista tahtia. Tämä prosessi uhkaa tuhota länsimaissa vuosisatojen kuluessa rakennetun tarunomaisen vaurauden.

Vaurautta luodaan siellä missä yksilön oikeuksia suojellaan asianmukaisesti – erityisesti omistusoikeuksia. Toisin sanoen, vaurautta syntyy, *kun ihmiset saavat omistaa työnsä tuotokset.* Tällöin ihmiset ovat motivoituneita ahkeroimaan, ottamaan riskejä ja käyttämään saatavilla olevia resursseja tehokkaasti.

Toisaalta, jos ihmiset pakotetaan luovuttamaan työnsä hedelmät valtiolle – mistä demokratiassa on osittain kyse – he ovat vähemmän motivoituneita tekemään parhaansa.

> *Demokratiassa kansalaisia kannustetaan saavuttamaan etuja toisten kustannuksella – tai siirtämään omia rasitteitaan muille.*

Sen lisäksi, valtio käyttää väistämättä näitä resursseja tehottomasti. Loppujen lopuksi, koska (demokraattisten) vallanpitäjien ei tarvitse työskennellä päästäkseen käsiksi resursseihin, heillä on hyvin erilaiset tavoitteet, kuin niitä tuottavilla.

Miten tämä toimii demokratiassa? Voit verrata sitä kymmenen ihmisen ryhmään, joka illastaa ravintolassa ja päättää etukäteen jakaa laskun tasan. Koska muut maksavat 90 prosenttia laskusta, kaikki ovat motivoituneita tilaamaan kalliita ruokia, mitä he eivät olisi tehneet, jos olisivat itse joutuneet maksamaan kokonaan oman laskunsa. Kääntäen, koska mikä tahansa henkilökohtainen säästö hyödyttää henkilöä itseään vain 10 prosenttia, kenelläkään ei ole kannustinta olla säästäväinen. Tuloksena on, että laskun loppusumma on paljon suurempi, kuin se olisi ollut, jos kaikki olisivat maksaneet itse oman ruokansa.

Taloustieteessä tämä ilmiö tunnetaan "yhteismaan ongelmana". Yhteismaa on kollektiivisesti omistettu maa, jota käyttää joukko karjankasvattajia. Yhteismaan jakavilla kasvattajilla on yhteinen luontainen kannustin päästää oma karjansa laiduntamaan mahdollisimman paljon (toisten kustannuksella), eikä heillä ole kannustinta siirtää karjaansa ajoissa (koska silloin toisten kasvattajien karja laiduntaisi laitumen karuksi). Joten, koska niitty on kaikkien omistuksessa eikä näin ollen kenenkään yksin, tuloksena on ylilaiduntaminen.

Demokratia toimii samalla tavalla. Kansalaisia kannustetaan tavoittelemaan etuja toisten kustannuksella – tai siirtämään omia rasitteitaan muille. Ihmiset äänestävät puolueita, jotka laittavat muut maksamaan heidän henkilökohtaiset toiveensa (ilmainen koulutus, paremmat sosiaalietuudet, tuettu lastenhoito, enemmän moottoriteitä, jne.). Illallisesimerkissä asiat eivät vielä karkaa käsistä, koska pientä ryhmää hillitsee sosiaalinen kontrolli, mutta miljoonien äänestäjien demokratiassa ei ole sosiaalista kontrollia.

Poliitikot valitaan vaikuttamaan järjestelmään ja hallitsemaan "julkisia" hyödykkeitä. Koska he eivät omista niitä, heidän ei tarvitse olla taloudellisia. Päinvastoin, heillä on kannustin tuhlata mahdollisimman paljon saadakseen hyötyä ja kunniaa, ja maksattaakseen laskun seuraajillaan. Tärkeintä heille on miellyttää äänestäjiään. Se on heille tärkeämpää, kuin pitkän aikavälin etu maalle. Seurauksena tästä on tehottomuus ja tuhlaavaisuus.

Poliitikoilla ei ole ainoastaan voimakas houkutin tuhlata liikaa, heillä on myös kannustin kahmia itselleen niin paljon kuin voivat vielä, kun he vastaavat "julkisista varoista". Loppujen lopuksi, kun he aikanaan ovat pois virasta, he eivät voi enää niin helposti rikastuttaa itseään.

Tämä järjestelmä on taloudelle tuhoisaa. Miten tuhoisaa tarkkaan ottaen, ihmiset eivät vielä ymmärrä sitä täysin. Demokraattisen hallituksemme harrastaman kulutusjuhlan lasku on pääosin vielä maksettavana.

Hallitusten valtavat velat ovat seurausta valtavista budjettivajeista, joista – eikä sattumalta – käytännössä kaikki demokraattiset maat kärsivät. Yhdysvalloissa demokraattinen illallinen on karannut käsistä niin, että kansallinen velka on yli 19 500 mrd. USD eli yli 60 000 dollaria per kansalainen (28.9.2016). Useimmissa Euroopan maissa tilanne on vastaava. Hollannin kansallinen velka nousi 380 mrd. euroon vuoden 2010 lopussa, tai melkein 25 000 € per asukas. (Suom. huom. Suomessa velkaa on n. 20 000 € per asukas.) Veronmaksajien on joskus maksettava nämä velat takaisin. Veronmaksajat ovat jo joutuneet pulittamaan paljon rahaa pelkästään velan korkojen maksuun. Hollannissa valtion velan korot olivat vuonna 2009 noin 22 mrd. euroa, mikä oli enemmän kuin käytettiin puolustukseen ja infrastruktuuriin. Tämä kaikki on puhdasta rahan haaskausta, seurausta aikaisemmasta veronmaksajien rahojen tuhlaamisesta.

Mutta mätä ulottuu vieläkin syvemmälle. Demokraattiset poliitikkomme eivät ainoastaan kerää veroja, jotka he sitten haaskaavat, he ovat myös onnistuneet varmistamaan määräysvaltansa rahoitusjärjestelmäämme – meidän rahaamme. Keskuspankkien, kuten Yhdysvaltain keskuspankki ja Euroopan keskuspankki, kautta demokraattiset hallitukset määräävät mikä on rahaa ("laillinen maksuväline"), kuinka paljon rahaa luodaan ja lisätään talouteen ja kuinka korkeita korot ovat. Samaan aikaan he ovat katkaisseet paperirahan ja sen arvon perustan, kuten kullan, välillä aiemmin olemassa olleen linkin. *Koko rahoitusjärjestelmämme – mukaan lukien kaikki säästömme ja eläkerahastomme, kaikki raha, jonka kuvittelemme omistavamme – perustuu valtion julkaisemaan fiat-rahaan.*

Tämän järjestelmän etu hallituksillemme on ilmeinen. Niillä on "rahahana", jota he voivat kääntää aina halutessaan. Millään aikaisemmalla yksinvaltaisella hallitsijalla ei ole koskaan ollut mitään vastaavaa! Demokraattiset johtajat voivat noin vain "pumpata" taloutta (ja täyttää oman kirstunsa), jos he haluavat kasvattaa suosiotaan. Tämän he tekevät keskuspankkinsa kautta, joka taas puolestaan käyttää yksityisiä pankkeja toteuttamaan rahanluontiprosessin. Järjestelmä on suunniteltu siten, että yksityisille pankeille on myönnetty erikoislupa lainata moninkertainen määrä rahaa asiakkaiden talletuksiin nähden (osittainen kassavarantovelvoitteinen pankkitoiminta). Näin erilaisilla tempuilla talouteen pumpataan yhä enemmän paperirahaa tai sähköistä rahaa.

Tällä on useita kielteisiä seurauksia. Ensinnäkin, rahan arvo laskee. Tämä prosessi on jatkunut jo vuosisadan. Dollari on menettänyt 95 prosenttia arvostaan siitä lähtien, kun Yhdysvaltain keskuspankki perustettiin vuonna 1913. Tämä on syy siihen, miksi me kansalaiset huomaamme tuotteiden ja palveluiden kallistuvan tasaista tahtia. Todellisilla vapailla markkinoilla hinnoilla on taipumus laskea jatkuvasti tuottavuuden parantumisen ja kilpailun seurauksena. Mutta hallituksemme manipuloimassa järjestelmässä, jossa rahakantaa jatkuvasti paisutetaan, hinnat nousevat alati. Jotkut ihmiset hyötyvät tästä (esimerkiksi ne, joilla on paljon velkaa, kuten valtio itse). Kun taas toiset kärsivät, kuten ihmiset, jotka elävät kiinteän eläkkeen varassa tai ne, joilla on säästöjä.

Toinen seuraus on, että kaikella uudella talouteen pumpatulla rahalla ruokitaan toinen toisensa perään tapahtuvia keinotekoisia nousukausia. Tästä syystä meillä oli kiinteistö-, hyödyke- ja pörssibuumi. Mutta kaikki nämä nousuihmeet perustuvat kuumaan ilmaan – kaikki buumit osoittautuvat kupliksi, jotka ennemmin tai myöhemmin puhkeavat. Ne tapahtuivat vain siksi, että markkinat olivat tulvillaan helposti saatavilla ollutta luottoa ja kaikki pelaajat pystyivät varustamaan itsensä velalla. Sellaiset juhlat eivät kuitenkaan voi jatkua loputtomiin. Kun käy selväksi, että velkoja ei voida maksaa takaisin, kuplat räjähtävät. Näin syntyvät taantumat.

Valtaapitävät vastaavat taantumiin tavallisesti, kuten demokraattisten poliitikkojen voi odottaakin vastaavan, luomalla yhä enemmän keinotekoista rahaa ja pumppaamalla sitä yhä suurempia määriä talouteen (samalla tietysti syyttäen "vapaita markkinoita" tai "keinottelijoita" kriisistä). He tekevät näin, koska äänestäjät odottavat heidän tekevän niin. Äänestäjät haluavat juhlien jatkuvan mahdollisimman pitkään – ja poliitikot täyttävät yleensä heidän toiveensa, koska he haluavat tulla uudelleenvalituksi. Amerikkalainen kirjailija ja poliitikko Benjamin Franklin näki ongelman jo niinkin aikaisin kuin 1700-luvulla. "Kun ihmiset huomaavat voivansa äänestää itselleen rahaa, se viitoittaa tasavallan lopun", hän kirjoitti.

Painokoneen käynnistäminen tarjoaa yleensä jonkin verran lohtua – mutta se on aina väliaikaista. Juuri nyt näytämme saavuttaneen pisteen, jossa uusia kuplia ei voida luoda tuhoamatta järjestelmää kokonaan. Valtaapitävät eivät enää tiedä mitä tehdä. Jos he jatkavat rahan luomista, he ovat vaarassa aiheuttaa hyperinflaation, kuten vuonna 1920 Saksassa tai hiljattain Zimbabwessa. Samaan aikaan he eivät uskalla lopettaa talouden vauhdittamista, koska se syöksisi talouden taantumaan, mistä äänestäjät eivät pidä. Lyhyesti, järjestelmä näyttää olevan umpikujassa. Hallitukset eivät voi enää ylläpitää luomaansa illuusiota, mutta ne eivät voi myöskään päästää siitä irti.

Näemme siis, että demokratia ei johda vaurauteen, vaan jatkuvaan inflaatioon ja taantumiin, ja niiden mukanaan tuomaan epävarmuuteen ja epävakauteen. Mikä on vaihtoehto? Ratkaisu demokraattiseen kulutusjuhlaan on palauttaa yksityisen omistusoikeuden kunnioittaminen. Jos kaikilla karjankasvattajilla on pala omaa maata, he pitävät huolen siitä, ettei liikalaiduntamista tapahdu. Jos kaikki kansalaiset voivat nauttia oman työnsä hedelmistä, he pitävät myös huolen siitä, että heidän resurssinsa eivät mene hukkaan.

Tämä tarkoittaa myös sitä, että rahoitusjärjestelmä on otettava pois poliitikkojen käsistä. Rahajärjestelmän, aivan kuten minkä tahansa muunkin taloudellisen toiminnan, pitäisi taas tulla osaksi vapaita markkinoita. Kaikkien pitäisi pystyä julkaisemaan omaa rahaa tai hyväksyä sitä missä tahansa haluamassaan muodossa. Vapaiden markkinoiden mekanismit varmistavat sitten, ettei lisää kuplia luoda – ainakaan sen kokoisia, joita olemme hallituksen manipuloidessa rahoitusjärjestelmäämme kokeneet.

Monien ihmisten mielestä tällainen vapaiden markkinoiden rahajärjestelmä saattaa kuulostaa pelottavalta. Mutta historiallisesti se oli pikemminkin sääntö kuin poikkeus. Ja se saattaa auttaa ymmärtämään, että hyvinvointimme – se mahtava vauraus, josta tällä hetkellä nautimme – muodostuu lopulta vain siitä, mitä me yhdessä tuottavina kansalaisina tuotamme ja olemme tuottaneet todellisten palveluiden ja hyödykkeiden muodossa. Ei sen enempää eikä vähempää. Kaikki demokraattisten hallitusten paperirahallansa tekemät temput ja illuusiot eivät voi tätä tosiasiaa muuttaa.

Myytti 6
Demokratia on välttämätöntä oikeudenmukaisen tulonjaon varmistamiseksi ja köyhien auttamiseksi

Mutta eikö demokratia ole välttämätöntä varmistamaan vaurauden oikeudenmukaisen jakautumisen? Tietysti poliitikot puhuvat usein solidaarisuudesta ja oikeudenmukaisesta jakamisesta, mutta miten oikeudenmukaisia heidän ohjelmansa todella ovat? Ensinnäkin, ennen kuin varallisuutta voidaan jakaa, sitä pitää tuottaa. Valtion avustukset ja palvelut eivät ole ilmaisia, vaikka monet ihmiset tuntuvat niin ajattelevankin. Hallitus ottaa ja jakaa uudelleen karkeasti puolet tuottavien ihmisten ansioista.

Mutta vaikka olettaisimme, että valtion pitäisi jakaa vaurautta uudelleen kansalaisten keskuudessa, on kuitenkin yhä olemassa kysymys siitä, johtaako demokraattinen järjestelmä vaurauden oikeudenmukaiseen jakautumiseen. Menevätkö rahat ihmisille, jotka niitä todella tarvitsevat? Kunpa tämä olisikin totta. Suurin osa apurahoista ja tuista menee tietyille eturyhmille. Esimerkiksi, kaksi viidesosaa EU:n budjetista käytetään maataloustukiin.

Edunvalvontaryhmät käyvät loputonta kamppailua avustuksista, etuoikeuksista ja työpaikoista. Jokainen haluaa syödä kaukalosta, johon "julkiset" varat on kaadettu. Tämä järjestelmä kannustaa loisimiseen, suosimiseen ja riippuvuuteen, ja nujertaa yksilön vastuun ja omatoimisuuden. Voimme mainita joitakin etujärjestöjä, jotka hyötyvät näistä järjestelyistä, vaikka ne tuskin ovat köyhiä tai muita heikommassa asemassa olevia: kehitysapujärjestöt, pankit, suuryritykset, maanviljelijät, julkinen yleisradiotoiminta, ympäristöjärjestöt, kulttuurilaitokset. Ne voivat saada miljardeja avustuksina ja tukina, koska niillä on suora yhteys vallanpitäjiin. Suurimpia "nettosaajia" ovat tietenkin järjestelmää pyörittävät virkamiehet. He tekeytyvät korvaamattomiksi ja palkitsevat itsensä lihavilla palkoilla.

Eturyhmät eivät hyödy ainoastaan valtion runsaskätisyydestä, vaan tietävät myös kuinka vaikuttaa lainsäädäntöön, niin että ne voivat hyötyä siitä muun yhteiskunnan kustannuksella. Tästä on olemassa lukemattomia esimerkkejä. Mietipä vaikka tuontirajoituksia ja kiintiöitä, jotka hyödyttävät maatalousalaa, mutta korottavat elintarvikkeiden hintoja. Tai ammattijärjestöjä, jotka yhdessä poliitikkojen kanssa pitävät minimipalkat korkeina rajoittaen näin kilpailua työmarkkinoilla. Tämä tapahtuu vähiten koulutettujen kustannuksella. He eivät voi saada työtä, koska heidän palkkaamisensa maksaa yrityksille liikaa.

Toinen esimerkki on lisenssointilait, jotka ovat nokkela tapa sulkea markkinat epätoivotuilta kilpailijoilta. Farmaseutit käyttävät lisensointilakeja estääkseen muiden apteekkien ja

> *Edunvalvontaryhmät käyvät loputonta kamppailua avustuksista, etuoikeuksista ja työpaikoista. Jokainen haluaa syödä kaukalosta, johon "julkiset" varat on kaadettu.*

verkkokauppojen taholta tulevan kilpailun. Lääkärikunta estää "lisensoimattomia" terveydenhuollon tarjoajia kilpailemasta. Tähän liittyvä esimerkki on hallituksen patentti- ja tekijänoikeusjärjestelmä, jota olemassa olevat yritykset, esimerkiksi lääketeollisuus ja viihdeteollisuus, käyttävät pitämään tulokkaat loitolla.

Mutta eivätkö äänestäjät voisi kapinoida näitä lobbareiden nauttimia erityisetuja vastaan? Teoriassa se on mahdollista. Mutta käytännössä näin tapahtuu harvoin, koska erityisetuoikeusryhmien nauttimat hyödyt ovat paljon suuremmat, kuin kustannukset yksittäisille kansalaisille. Esimerkiksi, jos sokerikilon hinta kallistuu tuontitullien takia kolme senttiä, se voi olla hyvin tuottoisaa kotimaisille sokerintuottajille (ja valtiolle), mutta yksittäisille kuluttajille se ei ole protestoimisen arvoista. Eturyhmät ovat siksi erittäin motivoituneita säilyttämään nämä edut, kun taas suuri osa äänestäjistä on liian kiireisiä vaivautuakseen vastustamaan niitä.

Useimmat ihmiset eivät luultavasti ole edes tietoisia suurimmasta osasta näistä "makeista" sopimuksista. Kuitenkin, kaikki tällaiset järjestelyt yhdessä aiheuttavat merkittäviä kustannuksia – ja siten alemman elintason – kaikille meille, joilla ei ole lobbaajia työskentelemässä hyväksemme parlamenteissa ja ministeriöissä. Näin demokraattinen politiikka väistämättä rappeutuu varallisuuden uudelleenjakokoneeksi, jonka avulla vaikutusvaltaisimmat ja parhaiten organisoidut "hyvävelikerhot" tekevät voittoa meidän muiden kustannuksella. Ja on sanomattakin selvää, että järjestelmä toimii molempiin suuntiin lobbausryhmien maksaessa takaisin saamiaan palveluksia sponsoroimalla poliittisia kampanjoita.

Kirjoittajien kotimaassa, Hollannissa, jota voidaan pitää tyypillisenä eurooppalaisena demokraattisena hyvinvointivaltiona, Social and Cultural Planning Bureau (valtion virasto), totesi elokuussa 2011 julkaistussa raportissa, että keskituloisten ryhmät hyötyivät vähemmän valtion eduista kuin alhaisemman ja korkeamman tulotason ryhmät. Itse asiassa, tutkijat havaitsivat, että korkeimmat tuloryhmät hyötyivät eniten valtion eduista! Heidän tutkimuksensa koski ainoastaan vuotta 2007, mutta ei ole mitään syytä olettaa, että tulokset olisivat erilaisia muina vuosina. Korkeamman tulotason ryhmät Hollannissa hyötyivät erityisesti korkeakoulutuksen, lastenhoidon ja taiteen tuista.

Monet ihmiset pelkäävät, että jos koulutus, terveydenhuolto, julkinen liikenne, asuntorakentaminen jne. jätetään "vapaiden markkinoiden voimille", köyhillä ei olisi varaa näihin palveluihin. Mutta itse asiassa vapaat markkinat tekevät melko hyvää työtä tarjoamalla hyödykkeitä ja palveluita köyhille. Otetaan esimerkiksi supermarketit, jotka tarjoavat meille elämisen kaikkein välttämättömintä asiaa: ruokaa. Ne tarjoavat korkealaatuisia tuotteita, edulliseen hintaan, ja laajan valikoiman. Kilpailun ja innovaatioiden ansiosta, vapaat markkinat ovat mahdollistaneet sen, että alemman tulotason ryhmien, kuten teollisuustyöntekijöiden ja opiskelijoiden, on mahdollisuus nauttia tavaroista, kuten autoista, henkilökohtaisista tietokoneista, matkapuhelimista ja lentoliikenteestä, joihin aiemmin vain rikkailla oli varaa. Jos vanhustenhoito olisi järjestetty samaan tapaan kuten supermarketien toiminta, ilman valtion väliintuloa, emmekö näkisikin samanlaisia tuloksia? Tällä tavoin vanhukset ja heidän omaisensa päättäisivät itse, mitä palveluita he tarvitsevat ja mihin hintaan. Heillä olisi paljon enemmän valtaa saamaansa hoitoon ja siihen mitä he siitä maksavat.

Eikö laatu kärsisi, jos valtio ei enää sekaantuisi koulujen, sairaaloiden ja hoitoalan asioihin? Pikemminkin päinvastoin. Mitä ruokakauppojemme laatu olisi, jos ne olisi järjestetty kuten julkiset koulut? Et voi odottaa kourallisen "asiantuntijoita" ministeriössä hallitsevan tehokkaasti suuria ja monimutkaisia aloja, kuten koulutusta ja terveydenhoitoa. Loputtomien uudistustensa, julistustensa, komiteoidensa, virallisten julkaisujensa, direktiiviensä, suuntaviivojensa ja leikkaustensa kanssa ne eivät loppujen lopuksi tuota yhtään mitään, paitsi enemmän ja enemmän byrokratiaa.

Todelliset asiantuntijat ovat kouluissa ja sairaaloissa. He tietävät eniten omasta alastaan ja pystyvät parhaiten organisoimaan organisaationsa tehokkaasti. Ja jos he eivät tee sitä hyvin, he eivät yksinkertaisesti selviä vapailla markkinoilla. Tästä syystä koulutuksen ja terveydenhuollon laatu heikentymisen sijasta paranisi, ilman hallituksen sekaantumista asioihin. Byrokratia, hoitojonot ja ylisuuret luokkakoot katoaisivat. Aivan kuten vapailla markkinoilla on hyvin vähän likaisia supermarketteja, joissa on pilaantunutta ruokaa, tai optikoita, joille on puolen vuoden odotusajat. Ne eivät selviäisi.

Tietenkin aina tulee olemaan niitäkin ihmisiä, jotka eivät pysty elättämään itseään. Nuo ihmiset tarvitsevat apua. Mutta auttaaksemme heitä, ei ole tarpeen luoda massiivista demokraattisen järjestelmän uudelleenjakokonetta. Tämä voidaan tehdä yksityisten ihmisten, hyväntekeväisyysjärjestöjen tai kenen tahansa, joka haluaa auttaa, taholta. Oletus, että tarvitsemme demokratiaa auttamaan köyhiä ja heikommassa asemassa olevia on savuverho omaa etua tavoitteleville ihmisille, jotka hyötyvät uudelleenjakokoneesta.

Myytti 7
Demokratia on välttämätöntä sovussa elämiseksi

Ihmiset ajattelevat usein, että konfliktit voidaan välttää tekemällä päätöksiä demokraattisesti. Väitetään, että jos kaikki seuraavat vain omia halujaan, rauhallinen yhteiselo ei onnistu.

Tämä saattaa olla totta silloin, kun ryhmän ihmisiä on päätettävä mennäänkö elokuviin vai rannalle. Mutta suurinta osaa kysymyksistä ei tarvitse päättää demokraattisesti. Itse asiassa, demokraattinen päätöksenteko synnyttää konflikteja useammin kuin on synnyttämättä. Tämä johtuu siitä, että demokratiassa kaikenlaisista henkilökohtaisista ja sosiaalisista kysymyksistä on tehty kollektiivisia ongelmia. Pakottamalla ihmiset noudattamaan demokraattisia päätöksiä, demokratia johtaa hyvien suhteiden sijasta ristiriitoihin ihmisten välillä.

Esimerkiksi, päätetään demokraattisesti mitä lapsille on koulussa opetettava, kuinka paljon rahaa käytetään vanhustenhoitoon, kolmansien maiden kehitysapuun, onko tupakointi baareissa

Oleta, että päätäisimme demokraattisesti, kuinka paljon ja millaista leipää leivotaan päivittäin? Tämä johtaisi loputtomaan lobbaukseen, kampanjointiin, kiistelyyn, kokouksiin ja mielenosoituksiin.

sallittua, mitä tv-asemia tuetaan, mitkä lääkehoidot kuuluvat sairasvakuutuksen piiriin, miten korkeita vuokrien tulisi olla, saavatko naiset saavat käyttää huiveja, mitä huumeita ihmiset saavat käyttää, ja niin edelleen. Kaikki nämä päätökset luovat ristiriitoja ja jännitteitä. Nämä konfliktit voidaan kuitenkin helposti välttää. Annetaan ihmisten tehdä omia valintoja ja vastata seurauksista.

Oleta, että päättäisimme demokraattisesti, kuinka paljon ja millaista leipää leivotaan päivittäin. Tämä johtaisi loputtomaan lobbaukseen, kampanjointiin, kiistelyyn, kokouksiin ja mielenosoituksiin. Valkoisen leivän kannattajat tulisivat pitämään täysjyväleipien kannattajia poliittisina vihollisinaan. Jos täysjyväleivän tukijat saavat enemmistön, kaikki leipätuet menisivät kokojyväleipiin ja valkoinen leipä voitaisiin jopa kieltää. Ja tietysti päinvastoin.

Demokratia on kuin bussi täynnä ihmisiä, joiden on yhdessä päätettävä, mihin kuljettaja heidät vie. Edistykselliset äänestävät San Franciscoa, konservatiivit valitsevat Dallasiin, libertaarit haluavat mennä Las Vegasiin, Vihreät Woodstock:iin ja loput tuhansiin muihin eri suuntiin. Lopulta bussi saapuu paikkaan, jonne juuri kukaan ei halunnut. Ja vaikka kuljettaja ei ajaisikaan omaa etuaan ja kuuntelisi tarkasti, mitä matkustajat haluavat, hän ei kuitenkaan koskaan voi täyttää kaikkien toiveita. Hänellä on vain yksi bussi ja toiveita on lähes yhtä monta kuin matkustajiakin.

Tämä on myös syy siihen, miksi politiikan tulokkaat, joita aluksi tervehdittiin pelastajina, lopulta aina tuottavat pettymyksen. Yksikään poliitikko ei voi saavuttaa mahdotonta. "Kyllä me voimme", päättyy aina "emme voikaan". Edes maailman viisain ihminen ei voi täyttää vastakkaisia haluja.

Ei ole sattumaa, että poliittiset keskustelut ovat usein niin tunteellisia. Itse asiassa, monet ihmiset eivät halua puhua politiikasta tavatessaan toisensa. Tämä johtuu siitä, että heillä on yleensä hyvin erilaiset ajatukset siitä, "kuinka elää", ja demokratiassa nämä näkemykset on jotenkin sovitettava yhteen.

Ratkaisu linja-auto-ongelmaan on helppo. Annetaan ihmisten itse päättää, minne he menevät ja kenen kanssa. Annetaan ihmisten itse päättää, miten he haluavat elää, annetaan heidän ratkaista omat ongelmansa ja muodostaa omat ryhmänsä. Annetaan heidän päättää, mitä tekevät kehoillaan, mielillään ja rahoillaan. Suurin osa poliittisista "ongelmista" katoaa kuin taikaiskusta.

Demokratiassa tapahtuu kuitenkin täysin päinvastoin. Järjestelmä kannustaa ihmisiä muuttamaan henkilökohtaiset mieltymyksensä kollektiivisiksi tavoitteiksi, joita jokaisen on noudatettava. Se kannustaa niitä, jotka haluavat mennä paikkaan x, yrittämään pakottamaan muut samaan suuntaan. Yksi erityisen valitettava seuraus demokraattisesta järjestelmästä on se, että se saa ihmiset muodostamaan ryhmiä, jotka väistämättä joutuvat ristiriitaan muiden ryhmien kanssa. Tämä tapahtuu vain siksi, että vasta kun olet osa riittävän suurta ryhmää (tai äänestäjäblokkia), sinulla on jotain mahdollisuuksia muuttaa mielipiteesi maan laiksi. Näin käännetään vanhat nuoria vastaan, viljelijät kaupunkilaisia vastaan, maahanmuuttajat alkuperäisväestöä vastaan, kristityt muslimeja vastaan, uskovat ateisteja vastaan, työnantajat työntekijöitä vastaan ja niin edelleen. Mitä suuremmat erot ihmisten välillä ovat, sitä katkerammiksi suhteet tulevat. Kun yksi ryhmä uskoo homoseksuaalisuuden olevan synti ja toinen vaatii enemmän homoroolimalleja kouluihin ja oppimateriaaleihin, ne törmäävät väistämättä.

Melkein kaikki ymmärtävät, että vuosisatoja sitten kehittynyt uskonnonvapaus oli järkevä uskonnollisten ryhmien välisiä jännitteitä vähentävä ajatus. Loppujen lopuksi, katolilaiset eivät enää voineet sanella protestanttien elämää tai päinvastoin. Mutta harvat ihmiset nykyään näyttävät ymmärtävän, että jännitteet syntyvät, kun demokraattisen järjestelmän avulla työntekijät voivat sanella, miten työnantajien pitäisi hoitaa liiketoimintaansa, vanhukset voivat pakottaa nuoret maksamaan eläkkeensä, pankit voivat laittaa kansalaiset maksamaan väärät investointinsa, terveysintoilijat voivat tunkea ideoitaan alas toisten kurkusta, ja niin edelleen.

Se saa ryhmäsi myös näyttäytymään heikkona, heikommassa asemassa olevana, äänioikeudettomana tai syrjittynä. Se antaa sinulle ylimääräisiä

Pakotettu solidaarisuus on todella ristiriitaista. Ollakseen todellista, solidaarisuus edellyttää vapaa-ehtoista toimintaa.

perusteluita pyytää etuja hallitukselta, ja se taas antaa

hallitukselle perustelut oikeuttaa olemassa olonsa ja jakaa noita etuja sosiaalisen oikeudenmukaisuuden nimissä.

Kuten amerikkalainen kirjailija H.L. Mencken sanoi, "Nykyisin ihmiset eivät arvosta oikeuksia vaan etuoikeuksia". Tämä koskee monia yhteiskunnallisia ryhmiä ja on varsin näkyvää demokratiassa. Kun aikoinaan naiset, mustat ja homoseksuaalit taistelivat vapauden ja yhtäläisten oikeuksien puolesta, heidän nykyiset edustajansa vaativat etuoikeuksia, kuten kiintiöitä, positiivista syrjintää ja sananvapautta rajoittavia syrjinnän vastaisia lakeja. He kutsuvat niitä oikeuksiksi, mutta koska ne koskevat vain tiettyjä ryhmiä, ne ovat tosiasiassa etuoikeuksia. Todelliset oikeudet, kuten sananvapaus, koskevat kaikkia. Etuoikeudet koskevat vain tiettyjä ryhmiä. Ne perustuvat pakottamiseen, sillä niitä voidaan myöntää vain pakottamalla muut maksajiksi.

Toinen taktiikka saada etua tai etuoikeuksia demokraattisessa järjestelmässä on esittää oma asia välttämättömänä yhteiskunnan pelastamiseksi jonkinlaiselta katastrofilta. Jos emme pelasta ilmastoa, euroa, pankkeja, yhteiskunta on tuhoon tuomittu, seuraa kaaos ja miljoonat tulevat kärsimään. H.L. Mencken näki tämän juonen läpi yhtä lailla. "Halu pelastaa ihmiskunta on lähes aina valheellinen kulissi halulle hallita", hän sanoi. Huomaa, että demokratiassa ihmisten ei tarvitse laittaa rahojansa mielipiteidensä taakse. He voivat puolustaa laittomia maahanmuuttajia, jos he sattuvat asumaan paikassa, jossa nämä eivät ole heille häiriöksi. He voivat äänestää tuista orkestereille tai museoille, joihin he itse eivät ostaisi kalliita lippuja, tietäen, että muut vastaavat tukien kustannuksista.

Tällaiset ihmiset usein jopa heittävät ilmaan moraalisen paremmuuden. "Me emme halua alistaa taidetta vapaille markkinoille", julistaa taiteen tukien kannattaja. Se, mitä hän todella tarkoittaa on, että *hän* itse ei halua sitä, ja että hän haluaa muun yhteiskunnan maksavan *hänen* mielihalunsa.

Demokratiassa väärinkäytetyin sana on "Me". Asian kannattajat sanovat aina: "me haluamme", "meidän on tehtävä", "me tarvitsemme", "meillä on oikeus". Ikään kuin kaikki olisivat luonnollisesti yhtä mieltä. Todellisuudessa *he itse* haluavat sitä, mutta eivät vain halua ottaa vastuuta itselleen. He sanovat "meidän on autettava kolmatta maailmaa" tai "meidän täytyy taistella Afganistanissa". He eivät koskaan sano, "Minä aion auttaa kolmatta maailmaa,

kuka tulee mukaan?" tai "Minä aion taistella talibaneja vastaan."
Demokratia tarjoaa näin kätevän tavan siirtää henkilökohtaisen
vastuun muille. Sanomalla "me" "minän" sijaan, sälytetään 99,999
% päätöksen kustannuksista muiden maksettavaksi.

Poliittiset puolueet palvelevat tätä auliisti. Ne (suoraan tai
epäsuorasti) lupaavat äänestäjilleen, että muut maksavat heidän
suosikkitavoitteidensa kustannukset. Niinpä vasemmistolaiset
sanovat, "äänestäkää meitä, otamme rahat rikkailta ja annamme
ne sinulle." Oikeistolaiset sanovat, "äänestäkää meitä,
rahoitamme Afganistanin sodan sitä vastustavien ihmisten
rahoilla." Kaikki sanovat viljelijöille, "äänestäkää meitä, me
varmistamme, että muut maksavat maataloustukenne."

Onko tämä järjestelmä hyväntahtoinen ja solidaarinen vai
epäsosiaalinen ja loisiva?

Demokratiassa ns. solidaarisuus perustuu lopulta pakottamiseen.
Pakotettu solidaarisuus on kuitenkin erittäin ristiriitaista. Ollak-
seen todellista, solidaarisuus edellyttää vapaaehtoista toimintaa.
Kadulla ryöstetyn ei voida sanoa tuntevan solidaarisuutta
ryöstäjäänsä kohtaan, oli tämän motiivi kuinka jalo tahansa.

Tosiasia on, että ne, jotka käyttävät demokraattista järjestelmää
pakottaakseen solidaarisuuteen, voivat tehdä tämän, koska
heidän ei tarvitse maksaa sitä itse. Huomaa, että he eivät koskaan
kannata samanlaista vaurauden uudelleenjakoa
maailmanlaajuisesti toteutettuna. Jos jakaminen vähemmän
onnekkaiden ihmisten kanssa on oikein, miksi ei ulotettaisi
hyvinvointijärjestelmää koko maailmaan? Miksi ei luoda
sosiaalista oikeudenmukaisuutta maailmanlaajuisesti? Ilmeisesti
länsimainen uudelleenjakamisen kannattaja ymmärtää, että
maailmanlaajuinen uudelleenjako alentaisi myös heidän tulonsa
muutamaan tuhanteen dollariin vuodessa. Mutta tietenkään heitä
ei haittaa "jakaa oikeudenmukaisesti", vauraampien ihmisten
kanssa.

Jos haluat antaa rahasi pois, et tarvitse enemmistöä tukemaan
tätä. Vapaus riittää. Olet vapaa avaamaan lompakkosi ja
antamaan mitä haluat. Voit lahjoittaa hyväntekeväisyyteen tai
päätyä samanhenkisten kanssa samaan ryhmään ja lahjoittaa
yhdessä heidän kanssaan. Ei ole olemassa mitään oikeutusta
pakottaa muita ihmisiä tekemään samoin.

Myytti 8
Demokratia on välttämätön yhteisöllisyydelle

Demokratiassa jokainen mielipide-ero johtaa taisteluun vallasta ja resursseista, jotka yksi ryhmä saa muiden kustannuksella. Jokainen esittää vaatimuksia valtiolle ja valtio pakottaa muut ihmiset vastaamaan näihin vaatimuksiin. Se voi tuskin olla toisin, koska loppujen lopuksi valtio on vain pakottamiseen käytettävä vallan väline.

Tuloksena on, että ihmistä tulee hemmoteltuja, he vaativat yhä enemmän hallitsijoiltaan ja valittavat, jos eivät saa tahtoansa läpi. Samaan aikaan heillä ei ole muuta mahdollisuutta, kuin osallistua järjestelmään, koska jos he eivät osallistu, muu väestö pakottaa heidät tahtoonsa. Tällä tavoin järjestelmä heikentää ihmisten omatoimisuutta – heidän kykyänsä pitää huolta itsestään. Samalla se heikentää myös ihmisten halukkuutta auttaa toisia ihmisiä, koska he ovat jo alituisesti pakotettuja "auttamaan" muita.

Ihmisten mentaliteetti on tähän mennessä tullut niin "demokratisoiduksi", että he eivät enää edes ymmärrä, kuinka epäsosiaalisia heidän tekonsa ja ajatuksensa todellisuudessa ovat. Nykyään jokainen, joka haluaa perustaa urheiluseuran, järjestää kulttuuritapahtuman, perustaa päiväkodin, ympäristöjärjestön tai muuta vastaavaa, yrittää ensin saada jonkinlaista tukea paikalliselta tai kansalliselta hallinnolta. Toisin sanoen, he haluavat muiden maksavan omat harrastuksensa. Tämä ei ole täysin epäloogista, koska jos et pelaa tätä peliä, joudut itse maksamaan toisten harrastuksista etkä saa mitään vastineeksi. Mutta tällä järjestelmällä on hyvin vähän tekemistä yhteisöllisyyden kanssa, jonka ihmiset usein yhdistävät demokratiaan. Kyse on enemmänkin vahvimpien eloonjäännistä taistelussa verosaaliista.

Ludwig Erhard, Saksan entinen liittokansleri ja sodanjälkeisen Saksan talousihmeen arkkitehti, tunnisti tämän demokratian ongelman. "Miten voimme edelleen

> *Demokratia on järjestö, jonka jäsenyys on pakollinen. Aito yhteisö perustuu vapaaehtoiseen osallistumiseen.*

varmistaa edistymisen, jos yhä enenevässä määrin omaksumme elämäntavan, jossa kukaan ei halua ottaa vastuuta itsestään ja jokainen etsii turvallisuutta kollektivismista?", hän ihmetteli. "Jos tämä kiihko jatkuu, yhteiskuntamme taantuu sosiaaliseen järjestelmään, jossa jokaisella on kädet jonkun toisen taskuissa."

Silti voidaan kysyä, emmekö menetä kansallisen yhtenäisyyden tunnetta, jos emme enää päätä "yhdessä" kaikesta? On epäilemättä totta, että maa on tietyssä mielessä yhteisö. Siinä ei ole mitään väärin – se voi jopa olla hyvä asia. Useimmat ihmiset eivät kuitenkaan ole yksinäisiä susia. He tarvitsevat kumppanuutta ja he tarvitsevat toisiaan myös taloudellisista syistä.

Mutta kysymys kuuluu: onko demokratia olennaista tälle yhtenäisyyden tunteelle? On vaikea nähdä, miksi olisi. Kun puhut yhteisöstä, puhut muustakin kuin poliittisesta järjestelmästä. Ihmiset jakavat toistensa kanssa kielen, kulttuurin ja historian. Jokaisella maalla on kansalliset sankarinsa, julkkiksensa ja urheilijansa, mutta myös kirjallisuutensa, kulttuuriarvonsa, työmoraalinsa ja elämäntapansa. Mikään näistä ei ole sidottu demokraattiseen järjestelmään. Kaikki ne olivat olemassa jo ennen demokratiaa eikä ole olemassa mitään syytä mikseivät ne voisi yhä olla olemassa ilman demokratiaa.

Toisaalta yhdelläkään maalla ei ole täysin yhtenäistä kulttuuria. Kussakin maassa on suuria eroja ihmisten välillä. On monia alueellisia ja etnisiä yhteisöjä vahvoine keskinäisine siteineen. Eikä siinäkään ole mitään väärää. Vapaan yhteiskunnan puitteissa nämä kaikki sosiaaliset rakenteet ja sitoumukset voivat elää rinnakkain. Tärkein merkillepantava asia on se, että ne ovat *vapaaehtoisia*. Ne eivät ole valtion pakottamia, eivätkä ne edes voisi sitä olla, sillä kulttuurit ja yhteisöt ovat luonnollisia entiteettejä. Niitä ei voida ylläpitää valtion pakottamana, ja niillä on vain vähän tekemistä vaalien kanssa.

Näiden sosiaalisten yhteisöjen ja demokratian ero on, että demokratia on järjestö, jonka jäsenyys on pakollinen. Aito yhteisö perustuu vapaaehtoiseen osallistumiseen. Tällaisessa yhteisössä voi tietenkin olla "demokraattisia" sääntöjä. Tenniskerho voi päättää äänestää puheenjohtajastaan, jäsenmaksuistaan ja niin edelleen. Siinä ei ole mitään vikaa. Tämä on yksityinen yhdistys ja jäsenet voivat vapaasti liittyä tai olla liittymättä. Jos he eivät pidä siitä, miten heidän klubiaan hoidetaan, he voivat liittyä toiseen klubiin tai perustaa itse sellaisen. Klubin vapaaehtoisuus varmistaa, että sitä hoidetaan hyvin. Jos esimerkiksi johtokunta harjoittaisi suosimista, monet jäsenet irtisanoutuisivat. Mutta demokraattisesta järjestelmästämme sinulla ei ole mahdollisuutta irtisanoutua. Demokratia on pakollista.

Toisinaan ihmiset sanovat kotimaastaan puhuessaan "Rakasta tai lähde". Mutta tämä antaa ymmärtää maan kuuluvan valtiolle, kollektiiville, ja että jokainen, joka on sattunut syntymään sen alueella, on määritelmän mukaan valtion alamainen. Vaikka ihmisille ei koskaan annettu mahdollisuutta valita.

Jos joku Sisiliassa joutuu Mafian kiristämäksi, kukaan ei sano, "Rakasta sitä tai lähde". Jos valtio panee homoseksuaalit vankilaan, ihmiset eivät sano "Heillä ei ole mitään syytä valittaa, koska jos he eivät pitäneet säännöistä, heidän olisi pitänyt muuttaa maasta". Aivan kuten Sisiliakaan ei oikeutetusti ole Mafian omistuksessa, ei myöskään USA:ta (tai mitä tahansa muutakaan maata) omista enemmistö tai hallitus. Jokainen ihminen omistaa oman elämänsä eikä heidän pitäisi olla pakko tehdä, mitä enemmistö haluaa. Ihmisillä on oikeus tehdä elämällään mitä he haluavat, niin kauan, kuin he eivät vahingoita toisia väkivallalla, varkaudella tai petoksella. Tämä oikeus on heiltä kansallisessa parlamentaarisessa demokratiassa pitkälti evätty.

Myytti 9
Demokratia on yhtä kuin vapaus ja suvaitsevaisuus

Yksi kaikkein sitkeimmistä myyteistä demokratiasta on, että se on sama kuin "vapaus". Monien mielestä "vapaus ja demokratia" kuuluvat yhteen, kuin tähdet ja kuu. Mutta itse asiassa, vapaus ja demokratia ovat toistensa vastakohtia. Demokratiassa kaikkien on myönnyttävä hallituksen päätöksiin. Se tosiasia, että hallituksen valitsee enemmistö, ei merkitse mitään. Pakottaminen on pakottamista, riippumatta siitä, harjoittaako sitä enemmistö tai yksinvaltias.

Demokratiassamme kukaan ei voi paeta hallituksen päätöksiä. Jos et tottele, sinua sakotetaan, ja jos kieltäydyt maksamasta sakkoja, päädyt lopulta vankilaan. Näin yksinkertaista se on. Yritä olla maksamatta liikennesakkojasi. Tai verojasi. Tässä mielessä demokratian ja diktatuurin välillä ei ole mitään periaatteellista eroa. Sellaiselle henkilölle, joka eli aikana, jolloin demokratiaa ei vielä ollut pyhitetty, kuten esim. Aristoteles, tämä oli ilmeistä. Hän kirjoitti: "Rajoittamaton demokratia on, aivan kuten harvainvalta, suuren ihmisjoukon yli levittäytyvä tyrannia."

Vapaus tarkoittaa sitä, että sinun *ei* tarvitse tehdä, mitä suurin osa kanssaihmisistäsi haluaa sinun tekevän, vaan voit päättää itse. Kuten taloustieteilijä John T. Wenders kerran sanoi: "Demokratian ja vapauden välillä on ero. Vapautta ei voi mitata mahdollisuudella äänestää. Sitä voidaan mitata asioilla, joista *emme* äänestä."

Näitä asioita on demokratiassa hyvin vähän. Demokratiamme ei ole tuonut meille vapautta, vaan päinvastoin. Hallitus on säätänyt lukemattomia lakeja, jotka tekevät useista vapaaehtoisista sosiaalista kanssakäymisistä ja suhteista mahdottomia. Vuokralaiset ja vuokranantajat eivät voi vapaasti solmia parhaaksi näkemiään sopimuksia, työnantajat ja työntekijät eivät voi vapaasti sopia haluamistaan palkka- ja työehdoista, lääkärit ja potilaat eivät saa vapaasti päättää hoidoistaan tai lääkkeistään, koulut eivät voi opettaa mitä haluavat, kansalaiset eivät saa "syrjiä", yritykset eivät saa palkata keitä haluavat, ihmiset eivät voi vapaasti harjoittaa mitä tahansa haluamaansa ammattia, monissa maissa puolueiden on annettava naisten pyrkiä edustajaksi, oppilaitoksille määrätään rotukiintiöitä jne. Kaikella tällä on hyvin vähän tekemistä vapauden kanssa. Miksei ihmisillä ole oikeutta sopia tai tehdä sellaisia sopimuksia, kuin he haluavat? Miksi toisilla on sananvaltaa sopimuksiin, joissa he itse eivät ole osapuolena?

Lait, jotka puuttuvat ihmisten vapauteen tehdä vapaaehtoisia sopimuksia, hyödyttävät tiettyjä ryhmiä, mutta samalla ne poikkeuksetta vahingoittavat muita ryhmiä. Minimipalkkalaeista hyötyvät tietyt työntekijät, mutta ne vahingoittavat niitä, jotka tuottavat vähemmän kuin minimipalkkalaiset. Nämä ihmiset tulevat liian kalliiksi palkata, joten he jäävät työttömiksi.

Vastaavasti ihmisiä irtisanomisilta suojelevat lait voivat hyödyttää joitain ihmisiä, mutta ne myös estävät työnantajia palkkaamasta uusia työntekijöitä. Mitä jäykempi työlainsäädäntö, sitä enemmän työnantajat pelkäävät, etteivät he voi vähentää työntekijöitä tai päästä eroon tietyistä työntekijöistä, silloin kun heidän liiketoimintansa sitä edellyttää. Tästä syystä he palkkaavat mahdollisimman vähän työntekijöitä, jopa hyvinä aikoina. Tälläkin on taipumus vahingoittaa erityisesti vähemmän koulutettuja ihmisiä. Lisäksi siitä seuraava korkea työttömyys saa työssäkäyvät pelkäämään ammatinvaihtoa.

Samalla tavalla vuokrasääntelylait hyödyttävät nykyisiä vuokralaisia, mutta hillitsevät omistajia vuokraamasta uutta asuintilaa ja sijoittajia sijoittamasta vuokra-asuntotuotantoon. Niinpä nämä lait johtavat asuntopulaan ja nostavat vuokria vahingoittaen asuntoa etsiviä ihmisiä.

Tai mieti lakeja, jotka sanelevat vähimmäisvaatimukset tuotteille ja palveluille. Eivätkö ne hyödytä kaikkia? No, eivät. Näiden lakien haittapuolena on, että ne rajoittavat tarjontaa, vähentävät kuluttajien valinnanvaraa ja nostavat hintoja (niinpä, jälleen kerran ne vaikuttavat erityisesti köyhiin). Esimerkiksi autojen turvallisuusstandardeja määräävät lait nostavat hintoja ja tekevät autoista liian kalliita pienituloisille, joilta näin riistetään valta päättää itse, mitä riskejä he haluavat ottaa.

Ymmärtääksesi, miksi tällaisella "suojelevalla" sääntelyllä on vakavia varjopuolia, kuvittele, että hallitus kieltäisi kaikkien Mercedes Benzin laatua alhaisempien autojen myynnin. Eikö se varmistaisi, että me kaikki ajaisimme parhaimmilla ja turvallisimmilla autoilla? Tästä seuraisi tietysti se, että enää vain ne, joilla olisi varaa Mercedes Benziin, voisivat yhä ajaa. Tai kysy itseltäsi: Miksi hallitus ei kolminkertaista minimipalkkaa? Me kaikki tienaisimme paljon enemmän rahaa, eikö niin! No, ainakin ne, joilla vielä olisi työtä. Toiset taas eivät. Valtio ei voi laeillansa tehdä taikoja, vaikkakin monet ihmiset niin ajattelevat.

Demokratiassa sinun ei tarvitse tehdä ainoastaan mitä hallitus sanoo, vaan periaatteessa tarvitset luvan kaikkeen mitä teet. Käytännössä yksilöille sallitaan edelleen monia vapauksia, mutta huomaa painotus sanalla sallitaan. Kaikki vapaus demokraattisessa kansakunnassa on valtion myöntämää, ja se voidaan milloin tahansa ottaa meiltä pois.

Vaikka kukaan ei kysy valtiolta lupaa ennen oluen nauttimista, siitä huolimatta epäsuora hyväksyntä vaaditaan. Demokraattisesti valittu hallituksemme voi halutessaan kieltää oluen juomisen. Itse asiassa, näin tapahtui mm. Suomessa ja Yhdysvalloissa kieltolain aikana. Nykyään sinun täytyy olla 18-vuotias, ja Yhdysvalloissa 21-vuotias, ennen kuin saat juoda olutta.

Muillakin demokraattisilla valtioilla on samanlaisia sääntöjä. Suomessa ja Ruotsissa voit ostaa keskiolutta vahvempia alkoholijuomia vain valtion omistamista kaupoista. Monissa maissa prostituutio on laitonta. Norjalaiset eivät edes saa "ostaa seksiä" Norjan ulkopuolella. Suomessa tarvitset hallinnolta luvan rakentaa vajan tai muuttaa talosi ulkonäköä. Nämä kaikki ovat selvästi esimerkkejä diktatuurista, eivät vapaudesta.

Toisinaan tämä torjutaan väittämällä, että länsimaisissa demokratioissa enemmistö ei voi vain tehdä mitä haluaa tai jopa, että demokratiat todellisuudessa yleensä suojelevat "vähemmistöjen oikeuksia". Se on myytti. Totta on, että tällä hetkellä on muutamia valtion "suojelua" nauttivia vähemmistöjä, kuten feministit, homot ja etniset vähemmistöt. Muut vähemmistöt, kuten tupakoitsijat, huumeiden käyttäjät, yrittäjät, kristityt jne., eivät voi luottaa tällaiseen kohteluun. Joidenkin vähemmistöjen suosiossa on ennemminkin kyse muodikkuudesta kuin demokratiasta.

Syyt, miksi jotkut vähemmistöt jätetään demokratiassa rauhaan tai niitä suositaan, ovat vaihtelevia. Jotkut ryhmät ovat hyvin äänekkäitä ja osoittavat välittömästi mieltään kaduilla, jos heidän "oikeuksiaan" eli etuoikeuksiaan uhataan, kuten

> "Demokratian ja vapauden välillä on ero. Vapautta ei voi mitata mahdollisuudella äänestää. Sitä voidaan mitata asioilla, joista emme äänestä."

esimerkiksi julkisten alojen työntekijät, littojen jäsenet tai viljelijät Ranskassa. Toisia, kuten jalkapallohuligaaneja, etnisiä jengejä tai viheraktivisteja, käsitellään varovasti, koska heidän uskotaan reagoivan aggressiivisesti joutuessaan noudattamaan sääntöjä. Jos joskus enemmistöön kuuluneet tupakoitsijat olisivat vastanneet väkivaltaisesti vapauksiensa polkemiseen, osaa tupakoinnin vastaista lainsäädännöstä ei luultavasti olisi hyväksytty.

Pointti on, että itse demokraattisessa järjestelmässä tai demokratian periaatteessa ei ole mitään, mikä takaisi vähemmistöjen oikeudet. Todellinen demokratian periaate on juuri se, että vähemmistöllä ei ole luovuttamattomia oikeuksia. Parlamentti tai kongressi voi hyväksyä minkä tahansa haluamansa lain ottamatta huomioon vähemmistöjä. Ja muotivillitykset muuttuvat. Tänään hellitty vähemmistö voi huomenna olla syntipukki.

Mutta eikö demokratioissa ole perustuslait suojelemassa meitä enemmistön tyrannimaiselta lainsäädännöltä? Tiettyyn pisteeseen asti, kyllä. Mutta huomaa, että esimerkiksi Yhdysvaltain perustuslaki hyväksyttiin ennen kuin USA oli demokraattinen. Lisäksi demokratiassa perustuslakia voidaan muuttaa enemmistön haluamalla tavalla – ja usein näin on tehtykin. Yhdysvalloissa kieltolaki ja tuloverolaki hyväksyttiin perustuslain muutoksella. Perustuslakimuutokset osoittavat sen olevan demokraattisen kontrollin eli enemmistösäännön alainen. Tosin ei alkuperäinenkään perustuslaki ollut täydellinen. Se salli orjuuden.

Muiden demokraattisten maiden perustuslait suojelevat jopa vielä vähemmän yksilönvapautta, kuin Yhdysvaltain perustuslaki. Hollannin tavoin Suomen perustuslaki määrää valtion tarjoamaan työpaikkoja, asuntoja, toimeentuloa, terveydenhuoltoa, tulontasausta jne. Tämä perustuslaki näyttää enemmänkin sosiaalidemokraattiselta vaaliohjelmalta, kuin yksilönvapauden manifestilta. Euroopan unionilla on perustuslaki, jossa lukee "pyrkii Euroopan kestävään kehitykseen, jonka perustana ovat tasapainoinen talouskasvu ja hintavakaus, erittäin kilpailukykyinen sosiaalinen markkinatalous, jonka tavoitteena on täystyöllisyys ja sosiaalinen edistys, sekä ympäristön laadun korkeatasoinen suojelu ja parantaminen". Nämä ja muut tämän asiakirjan artiklat antavat Euroopan viranomaisille paljon liikkumavaraa säännellä ihmisten asioita. Sattumoisin Ranskan ja Alankomaiden kansalaiset äänestivät tätä perustuslakia vastaan kansanäänestyksissä, mutta tästä huolimatta se ajettiin läpi.

Demokratian sanotaan usein myös kulkevan käsi kädessä sananvapauden kanssa, mutta tämäkin on jälleen kerran myytti. Demokratian periaatteessa ei ole mitään sananvapautta suosivaa, kuten jo Sokrates aikanaan huomasi. Demokraattisissa maissa on kaikenlaisia sananvapautta rajoittavia sääntöjä. Hollannissa kuningattaren loukkaaminen on kiellettyä ja Tanskassa jopa virkamiehen ja poliitikon.

Yhdysvalloissa perustuslain ensimmäinen muutos takaa sananvapauden, "pois lukien säädyttömyyden, kunnianloukkauksen, mellakkaan yllyttämisen, väkivallalla uhkaamisen, kiusaamisen, etuoikeutetun viestinnän, liikesalaisuudet, salaiset materiaalit, tekijänoikeudet, patentit, sotilaallisen toiminnan, kaupallisen viestinnän, kuten mainonnan, ja aikaan, paikkaan ja tapaan liittyvät rajoitukset". Tuossa on paljon poikkeuksia.

Huomionarvoista kuitenkin on, että Yhdysvaltain perustuslaki – ja sen sananvapaus – hyväksyttiin ennen demokratian saapumista. Syy siihen, miksi ihmiset länsimaisissa demokratioissa nauttivat useista vapauksista ei ole se, että ne ovat demokratioita, vaan koska heillä on klassisia liberaaleja tai libertaareja perinteitä, jotka syntyivät 1600- ja 1700-luvuilla, ennen kuin niistä tuli demokraattisia. Monet näissä maissa asuvista ihmisistä eivät halua luopua vapauksistaan, vaikka vapauden henkeä heikennetään jatkuvasti demokraattisella asioihin sekaantumisen hengellä.

Muissa osissa maailmaa ihmiset ovat vähemmän kiintyneitä henkilökohtaisiin vapauksiin. Monet ei-länsimaiset demokratiat osoittavat hyvin vähän kunnioitusta yksilönvapautta kohtaan. Demokraattisissa islamilaisissa maissa, kuten Pakistanissa, naisilla on hyvin vähän vapautta eikä siellä myöskään ole sananvapautta tai uskonnonvapautta. Noissa maissa, demokratia on sorron oikeuttaja. Jos demokratia otettaisiin käyttöön absoluuttisissa monarkioissa, kuten Dubaissa, Qatarissa ja Kuwaitissa, tämä johtaisi todennäköisesti vähäisempään vapauteen enemmän sijasta. Palestiinalaiset Gazan kaistaleella valitsivat demokraattisesti fundamentalistisen, ei kovinkaan vapautta rakastavan Hamasin (ironista kyllä, Yhdysvallat ja muut Länsimaiset demokraattiset hallitukset eivät hyväksyneet tätä demokraattista tulosta).

Myytti 10
Demokratia edistää rauhaa ja auttaa torjumaan korruptiota

Kansainvälisellä areenalla demokraattiset valtiot ovat lähes aina hyviä tyyppejä ja muut pahoja. Demokratiathan ovat loppujen lopuksi rauhaa rakastavia, eivätkö olekin? No, eivät aivan. Aivan liian usein demokratiat näyttäytyvät varsin sotaa lietsovina. Yhdysvallat, maailman voimakkain demokratia, on aloittanut kymmeniä sotia. Yhdysvaltain hallitus junaili lukuisia vallankaappauksia, kaatoi hallituksia, tuki diktaattoreita (Mobutu, Suharto, Pinochet, Marcos, Somoza, Batista, Iranin šaahi, Saddam Hussein jne.) ja pommitti puolustuskyvyttömiä siviilejä. Jopa atomipommeilla. Tällä hetkellä Yhdysvalloilla on joukkoja yli 700 sotilastukikohdassa yli 100 maassa, ja se kuluttaa puolustukseen lähes yhtä paljon kuin muu maailma yhteensä.

Demokraattinen Britannia keksi keskitysleirit (Etelä-Afrikassa), ja oli ensimmäisenä tukahduttamassa nationalistista oppositiota siirtomaissaan ilmapommituksilla, tuhoten kokonaisia kyliä (Irakissa 1920-luvulla). Demokraattinen Brittiläinen imperiumi tukahdutti lukuisia itsenäisyyskapinoita siirtomaissaan, kuten Afganistanissa, Intiassa ja Keniassa. Välittömästi vapauduttuaan liittoutuneiden toimesta natsien vallasta, Hollanti aloitti sodan Indonesiassa itsenäisyyttä haluavia ihmisiä vastaan. Samoin teki Ranska Indokiinassa. Demokraattiset maat, kuten Belgia ja Ranska, ovat käyneet monia likaisia sotia Afrikassa (esim. Belgian Kongossa ja Algeriassa). Yhdysvallat käy yhä vieläkin Irakissa ja Afganistanissa sotia, joihin liittyy kiduttamista ja tuhansia viattomia uhreja.

Tämän myytin muunnelma pitää sisällään väitteen, että demokratiat eivät sodi *toisiaan vastaan*. Britannian entinen pääministeri Margaret Thatcher sanoi näin vuonna 1990 Tšekkoslovakian vierailullaan ("demokratiat eivät sodi keskenään") ja Bill Clinton sanoi niin puheessaan vuonna 1994 Yhdysvaltain kongressille ("demokratiat eivät hyökkää toisiaan vastaan"). Tämä antaa ymmärtää, että kaikki demokratioiden käymät sodat olivat enemmän tai vähemmän oikeutettuja, koska kohteena eivät olleet toiset demokratiat. Ja että, jos koko maailma olisi demokraattinen, ei sotia enää olisi.

On kuitenkin totta, että toisen maailmansodan jälkeen useat "länsimaiset" maat – jotka sattuvat myös olemaan "demokratioita"

– ovat yhdistyneet NATOssa eikä niillä näytä olevan juurikaan taipumusta hyökätä toisiaan vastaan. Mutta se ei tarkoita sitä, että tällä olisi mitään tekemistä demokratian kanssa, tai että historiallisesti demokratiat olisivat olleet rauhanomaisia toisiaan kohtaan.

IF YOU DON'T COME TO DEMOCRACY

DEMOCRACY WILL COME TO YOU

Antiikin Kreikassa demokraattiset kaupunkivaltiot sotivat alituisesti toisiaan vastaan. Vuonna 1898 Yhdysvallat ja Espanja sotivat keskenään. Ensimmäinen maailmansota käytiin Saksaa vastaan, joka ei ollut sen vähempää demokraattinen kuin Britannia tai Ranskakaan. Demokraattinen Intia ja Pakistan ovat sotineet keskenään useita kertoja vuodesta 1947 lähtien. Yhdysvallat tuki demokratiaa vastustavia vallankaappauksia demokraattisesti valittuja hallituksia vastaan Iranissa, Guatemalassa ja Chilessä. Israel on sotinut demokraattisia maita, kuten Libanonia ja Gazan kaistaletta, vastaan. Demokraattinen Venäjä on äskettäin taistellut demokraattisen Georgian kanssa.

Syy siihen, miksi nykyaikaiset länsimaiset demokratiat eivät ole sotineet toisiaan vastaan toisen maailmansodan jälkeen, liittyy tiettyihin historiallisiin olosuhteisiin; perusteisiin, joista on vaikea tehdä yleisiä johtopäätöksiä. Tärkein syy on sotilasliitto Natoon yhdistyminen.

On olemassa myös "laki", joka sanoo, että "maat, joissa toimii McDonald's, eivät ole koskaan sotineet toisiaan vastaan". Tämä näytti pitkään pitävän paikkansa – kunnes NATO pommitti Serbiaa

Demokraattisten "oikeuksien" mukana tulee demokraattisia velvollisuuksia. Sinulla on ääni- oikeus ja siksi myös velvollisuus puolustaa maatasi.

vuonna 1999 (myöhemmät vastaesimerkit ovat Israelin tunkeutuminen Libanoniin sekä Venäjän ja Georgian konflikti). Mutta se merkitsee yhtä vähän kuin Clintonin ja Thatcherin lausunnot.

Voitaisiin jopa väittää, että demokratia on johtanut sodankäynnin *kiihtymiseen*. Ennen kuin demokratiasta tuli suosittua, vasta 1800-luvulla, kuninkaat sotivat palkkasoturiarmeijoiden avulla. Ei ollut asevelvollisuutta eikä ihmisten tarvinnut sotia muiden kansakuntien kanssa eikä vihata heitä.

Demokraattis-nationalististen valtioiden nousun myötä tämä muuttui. Kaikissa demokraattisissa maissa otettiin käyttöön yleinen asevelvollisuus, aloittajana Ranska vallankumouksensa aikana. Koko väestö mobilisoitiin sotimaan toisten maiden kansa- laisia vastaan. Asevelvollisia voitiin helposti käyttää tykinruokana, koska heidät voitiin aina korvata uusilla asevelvollisilla.

Ei ehkä tunnu reilulta rinnastaa demokratiaa nationalismiin, mutta nämä kaksi ideologiaa eivät syyttä tulleet yhtä aikaa suosituiksi. Demokratia tarkoittaa "kansanvaltaa". Tämä käsite pitää taatusti sisällään kansallismielisiä suuntauksia. Demokraattisten "oikeuksien" mukana tulee demokraattisia velvollisuuksia. Sinulla on äänioikeus ja siksi myös velvollisuus puolustaa maatasi.

Älkäämme unohtako, että katastrofaalinen ensimmäinen maailmansota – joka viitoitti tietä 1900-luvun totalitaristisille valtioille ja toiselle maailmansodalle – käytiin pitkälti demokraattisten tai osittain demokraattisten maiden välillä. Ensimmäinen maailmansota käytiin Euroopassa demokraattisen nationalismin syrjäyttyä suurelta osin klassisen liberalismin ajattelua.

Myös Yhdysvalloissa paine liittyä sotaan tuli edistyksellisiltä demokraateilta, jotka alkoivat hallita yleistä mielipidettä 1800-

luvun lopulla. Yhdysvallat osallistui ensimmäiseen maailmansotaan presidentti Wilsonin kuuluisan iskulauseen, "tehdäksemme maailman turvalliseksi demokratialle", siivittämänä. Jos amerikkalaiset olivat pysyneet uskollisina perustajiensa libertaareille "eristäytymisperiaatteille", Yhdysvallat ei olisi liittynyt ensimmäiseen maailmansotaan. Siinä tapauksessa sota olisi todennäköisesti päättynyt ratkaisemattomana. Eivätkä liittoutuneet olisi voinut pakottaa saksalaisia raskaisiin Versaillesin rauhanehtoihin. Hitler ei ehkä olisi koskaan noussut valtaan eikä toista maailmansotaa ja holokaustia olisi tapahtunut.

Demokratia ei välttämättä tuo sen enempää "avoimuutta" tai vastuullisuutta, kuten usein väitetään. Itse asiassa, se tosiasia, että tullakseen valituiksi poliitikot tarvitsevat ääniä, edistää korruptiota. Heidän täytyy tarjota jotain valitsijoilleen voittaakseen ääniä. Tällainen korruptio on erityisen yleistä Yhdysvalloissa, sianlihatynnyripolitiikan maassa. (Vrt. Suomalainen siltarumpupolitiikka.) Amerikkalaiset poliitikot harvoin kaihtavat mitään keinoja voittaakseen liittovaltion varoja tai ohjelmia omille osavaltiolleen tai piirikunnilleen. Sitä paitsi, heillä on yleensä tapana olla kalliisiin vaalikampanjoihin rahoitusta tarjoavien voimakkaiden lobbausjärjestöjen pelinappuloita. Lisäksi Washingtonin "pyöröovet" ovat tulleet tunnetuiksi vaikutusvaltaisten ihmisten vaihtaessa politiikasta liiketoimintaan (tai armeijaan) ja takaisin ilman tunnontuskia.

Muissa demokraattisissa maissa esiintyy samankaltaisia korruptiomuotoja. Kehitysmaissa demokratia kulkee lähes aina käsi kädessä korruption kanssa. Sama koskee Venäjää, Italiaa, Ranskaa ja Kreikkaa. Poliittisesta järjestelmästä huolimatta korruptio on lähes aina väistämätöntä siellä missä valtiolla on paljon valtaa, ja se tosiaankin kuuluu demokratiaan.

Myytti 11
Demokratiassa kansa saa mitä haluaa

Demokratian perusajatus on, että ihmiset saavat mitä haluavat. Tai ainakin, mitä enemmistö haluaa. Toisin sanoen, voimme valittaa demokraattisen järjestelmämme aikaansaannoksista, mutta viime kädessä meillä on nyt se, mitä halusimmekin, koska sen me demokraattisesti valitsimme.

Tämä kuulostaa hyvältä teoriassa, mutta todellisuus on toinen. Voimme esimerkiksi olettaa, että kaikki haluavat parempaa koulutusta. Silti emme saa sen parempaa koulutusta. Se mitä saamme, ovat väsyneet opettajat, kouluväkivalta, oppimistehtaat ja opiskelijat, jotka eivät osaa lukea, kirjoittaa eivätkä laskea. Mutta emme saa parempaa koulutusta.

Miten tämä voi olla mahdollista? Se ei johdu demokratian puutteesta; päinvastoin, se on demokraattisen järjestelmän toiminnan tulosta. Se tosiasia, että demokraattinen järjestelmä hoitaa koulutuksen tarkoittaa sitä, että poliitikot ja byrokraatit sanelevat miten opetus järjestetään ja kuinka paljon rahaa siihen käytetään. Se tarkoittaa, että vanhempien, opettajien ja opiskelijoiden rooli päättää omista valinnoistaan on supistettu mahdollisimman pieneksi. Valtion sekaantuminen tarkoittaa, että opetusministeriö hukuttaa koulut ja yliopistot suunnitelmiinsa, vaatimuksiinsa, sääntöihinsä ja määräyksiinsä. Tämä byrokratisoituminen ei tee koulutuksesta parempaa, vaan huonompaa.

Kun ihmiset sitten valittavat koulutuksen laadusta, poliitikot vastaavat panemalla toimeen entistä enemmän sääntelyä. Mitä muuta he voisivat tehdä? Ajatus siitä, että

> *Tavallaan vapaat markkinat ovat "demokraattisempia" kuin demokratia, koska kansalaiset voivat tehdä omia valintojaan sen sijaan, että hallitus päättäisi heidän puolestaan.*

asioihin puuttuminen pitäisi lopettaa, ei juolahda poliitikkojen ja byrokraattien mieleen. Jos he lopettaisivat asioihin sekaantumisen, he epäsuorasti myöntäisivät olevansa tarpeettomia tai jopa kielteisesti vaikuttavia, mitä he eivät koskaan tietenkään tule tekemään. Se ei ole heidän etujensa mukaista.

Uudet määräykset pahentavat ongelmia, koska ne rajoittavat entisestään opiskelijoiden, vanhempien ja opettajien roolia. Ne lisäävät myös byrokratiaa ja luovat usein kieroja kannustimia. Esimerkiksi Hollannissa byrokraatit vaativat kouluja opettamaan vähimmäistuntimäärän, varmistaakseen muka koulutuksen laadun. Mutta tämä ei helpottanut koulujen kärsimää opettajapulaa, joten kouluja ohjattiin pitämään oppilaat istumassa luokkahuoneissa tuntikausia tekemättä mitään. Se, että hallituksella on tapana yrittää hallita numeroilla, ei ole yllättävää. Ainoa kaukaa mitattavissa oleva asia on määrä. Laadun voi todeta vain suoraan osallisina olevat osapuolet.

Demokraattista järjestelmää voidaan verrata valtion tehtaisiin entisessä Neuvostoliitossa. Ne olivat keskusjohtoisia ja numeroiden perusteella hallinnoituja. Huolimatta (tai pikemminkin sen vuoksi) kaikesta valtiolta saamastaan huomiosta, tuotannon laatu oli huonoa. Yhdestäkään kommunistisesta autosta ei ollut kilpailijaksi länsimalleille. Tämä johtui siitä, että tuotantoa ohjasivat byrokraatit eivätkä kuluttajat. Miten byrokraatit voisivat tietää, mitä kuluttajat haluavat? Ja mikä kannustaa heitä kehittymään?

Neuvostoliiton keskussuunnittelu loi vain vähän teknologisia tai kulttuurillisia innovaatioita. Kuinka monta keksintöä kommunistisissa maissa tehtiin? Laatu ja innovaatio ovat kilpailun ja valinnanvapauden tulosta, eivät keskitetyn ohjauksen ja valtion pakottamisen. Jos yksityiset yritykset haluavat selvitä, niiden on kilpailtava alentamalla hintoja, niin paljon kuin mahdollista, innovoimalla, tarjoamalla parempaa laatua tai parempaa palvelua. Valtio-omisteisilla yhtiöillä ei ole tällaista kannustinta, koska niitä tuetaan valtion rahalla.

Koska koulutusjärjestelmämme on (osittain) järjestetty demokraattisen järjestelmän kautta, se on (tältä osin) valtion tuote tehden siitä samanlaisen kuin valtio-omisteiset tehtaat Neuvostoliitossa. Sattumoisin tämä esimerkki osoittaa, miten demokratia väistämättä johtaa sosialismiin. Vapaat markkinat eivät toimi demokraattisilla prosesseilla. Silti eräässä mielessä vapaat markkinat ovat "demokraattisempia" kuin demokratia, koska kansalaiset voivat tehdä omia valintojaan sen sijaan, että hallitus päättäisi heidän puolestaan.

Mitä tulee koulutukseen, pätee myös muihin demokraattisesti hallittuihin sektoreihin, kuten terveydenhuolto ja rikollisuuden torjunta. Useimmat ihmiset haluavat parempaa turvaa rikollisuutta vastaan. Silti demokratia ei tuota, mitä ihmiset haluavat. Ihmiset äänestävät poliitikkoja, jotka lupaavat taistella rikollisuutta vastaan, mutta tuloksena on yleensä vain lisää turvattomuutta ja rikollisuutta.

Hollannissa rikokset asukasta kohden kuusinkertaistuivat vuosien 1961 ja 2001 välillä. Lisäksi joka vuosi 700 000 ilmoitettua rikosta jätetään tutkimatta.

> *Poliitikot tarjoavat aina saman ratkaisun: Antakaa meille lisää rahaa ja enemmän valtaa, me korjaamme ongelmat.*

Monissa näistä tapauksista (ainakin 100 000), poliisi tietää rikoksentekijän, mutta ei selvitä tapausta, koska heillä ei joko ole aikaa tai he eivät vain välitä. Poliisien on käytettävä suurin osan ajastaan paperityöhön. Silti he löytävät aikaa hävittää kannabisistutuksia ja kirjata ihmisiä vähäisistä liikennerikkomuksista.

Poliisin surkea suoriutuminen on suoraa seurausta siitä, että se on demokraattisesti hallittu. Poliisille on annettu lainvalvonnan monopoli. Jokainen ymmärtää, että jos ExxonMobil:lle olisi myönnetty yksinoikeus öljymarkkinoilla, bensiinin hinta nousisi ja palvelutaso romahtaisi. Sama pätee poliisiin. Poliisi on organisaatio, joka saa *sitä enemmän* rahaa, *mitä vähemmän* rikollisia se saa kiinni. Jos poliisiorganisaatio onnistuisi vähentämään rikollisuutta, sen budjettia leikattaisiin ja poliisit menettäisivät työpaikkojaan. Sama koskee kaikkia julkishallinnon organisaatioita. Et voi edes syyttää tässä järjestelmässä työskenteleviä ihmisiä. Vain kaikkein ahkerimmat ja moraalisesti suoraselkäisimmät käyttäytyisivät eri tavalla annetuilla kieroilla järjestelmän kannustimilla.

Vaikka poliisit eivät ole kovin hyviä ottamaan kiinni rikollisia, he ovat hyvin taitavia yhdessä asiassa: lomakkeiden täyttämisessä. Jokainen, joka joskus on raportoinut rikoksesta voi todistaa tämän. Voit tuskin syyttää heitä – heitä pommitetaan jatkuvasti uusilla säännöillä, joita heidän on noudatettava. Alankomaissa vuosien 2005 ja 2009 välisenä aikana aloittaneesta 7 000 uudesta poliisista vain 127 päätyi aktiiviseen katutyöhön. Poliisin mukaan tämä oli seurausta valtavasta byrokraattisesta työmäärästä, jonka hallitus asetuksillaan sai aikaan.

Entistä pahemmaksi tilanteen tekee se, että poliisi on saamassa yhä enemmän – pikemmin kuin vähemmän – toimivaltaa. Tämä pätee erityisesti 9/11-iskujen jälkeen Yhdysvalloissa, missä lainvalvontaorganisaatioille on annettu yhä enemmän – kyseenalaisia – valtuuksia, kuten ennaltaehkäiseviä ruumiintarkastuksia lentokentillä, oikeus kuunnella puheluita, kiduttaa terrorismista epäiltyjä ja olla välittämättä kansalaisten oikeudellisesta suojasta, kuten Habeas Corpus, jota pidetään itsestäänselvyytenä oikeusjärjestelmässämme.

Onko ylhäältä alas meille pakotetulle turvallisuudelle vaihtoehtoa? Varmasti on. Vaihtoehtona on, että yksilöt, yritykset, asuinalueet ja kaupungit saavat itse enemmän valtaa päättää omasta turvallisuudes-

> Se tosiasia, että demokraattinen järjestelmä hoitaa koulutuksen tarkoittaa sitä, että poliitikot ja byrokraatit sanelevat miten opetus järjestetään ja kuinka paljon rahaa siihen käytetään.

tansa. Poliisimonopolin pitäisi antaa tietä turvayritysten väliselle kilpailulle. Ihmisiä ei pitäisi enää pakottaa maksamaan veroja valtion poliisille ja heille pitäisi sallia yksityisten turvaliikkeiden käyttäminen. Tämä laskisi hintoja ja parantaisi laatua. Jo nyt yksityisen turva-alan osuus on nopeassa kasvussa, koska ihmiset yhä kasvavassa määrin ymmärtävät, ettei poliisin suojeluun voi luottaa.

Mikä pätee koulutukseen ja poliisiin, pätee myös muihin "julkisiin" sektoreihin, kuten terveydenhuoltoon. Jälleen, tälläkin sektorilla demokraattinen kontrolli johtaa huonoon laatuun ja korkeisiin kustannuksiin. Voi vain kuvitella sitä innovaatiota, joka terveydenhuollossa tapahtuisi, jos se todella tulisi osaksi vapaita markkinoita.

Tosiasia on, että ihmiset eivät yleensä demokratiassa saa mitä haluavat. Demokraattinen "yksi koko sopii kaikille" -periaate johtaa keskittämiseen, byrokratiaan ja monopolisoitumiseen (sosialismin ominaisuudet). Se johtaa väistämättä huonoon laatuun ja korkeisiin kustannuksiin.

Jos tarvitset todisteen siitä, että demokratia ei seiso lupaustensa takana, mieti, että jokaisissa vaaleissa poliitikot myöntävät hallituksen sotkeneen asiat. Joka kerta he lupaavat muuttaa kaiken paremmaksi – koulutuksen, turvallisuuden, terveydenhuollon ja niin edelleen. Mutta he tarjoavat aina saman ratkaisun: Antakaa meille lisää rahaa ja enemmän valtaa, niin me korjaamme ongelmat. Tätä ei tietenkään koskaan tapahdu, koska ongelmat johtuvat näiden samojen poliitikkojen saamasta rahasta ja vallasta.

Myytti 12
Olemme kaikki demokraatteja

Jos demokratia epäonnistuu tarjoamaan sitä, mitä ihmiset todella haluavat, miksi useimmat ihmiset silti edelleen kannattavat sitä? Eikö jokainen järkevästi ajatteleva kansalainen ole demokraatti, vaikka hän joskus manaakin hallitusta?

Jälkimmäinen on kiistanalainen. Se, mihin ihmiset todella uskovat, ei riipu siitä, mitä he *sanovat,* vaan siitä, mitä he *tekevät* voidessaan valita vapaasti. Ei ole kovin vakuuttavaa, jos joku väittää rakastavansa kanaa, vaikka hänen on syötävä sitä joka päivä. Se on uskottavaa vain, jos hänellä on vapaus olla syömättä kanaa. Sama pätee demokratiaan. Demokratia on pakollista. Jok'ikisen on osallistuttava siihen. Yksilöiden, kuntien, kaupunkien, maakuntien ja osavaltioiden on kaikkien alistuttava suuremman voiman edessä eikä kukaan voi "erota". Muuttaisivatko ihmiset toiseen kaupunkiin muutaman kymmenen kilometrin päähän, jos verot olisivat siellä alhaisemmat ja byrokratia vähäisempää, vaikka he eivät saisi äänestää siellä? Luultavasti moni tekisi niin. Monet ihmiset äänestävät jo nyt jaloillaan ja muuttavat vauraille alueilla, missä on vain vähän tai ei lainkaan demokratiaa.

Kun demokratiassa elävä sanoo kannattavansa demokratiaa, se kuulostaa samalta, kuin jos entisen Neuvostoliiton kansalainen olisi sanonut valitsevansa Ladan, vaikka hänellä olisi ollut mahdollisuus ostaa Chevrolet tai Volkswagen. Näin voisi toki tapahtua, mutta todennäköisesti ei. Kuten Neuvostoliiton kansalainen, jolla ei ollut muuta vaihtoehtoa kuin Lada, meillä ei ole muuta vaihtoehtoa kuin demokratia.

Itse asiassa, monet oikeamieliset demokraatit epäilemättä pakenisivat mielellään toimenpiteitä, joita he ovat otaksuttavasti olleet vaaliuurnilla valitsemassa. Jos heillä olisi valinnanvaraa, maksaisivatko he todella vapaaehtoisesti sosiaaliturvamaksua valtiolle, tietämättä ovatko luvatut sosiaalietuudet edelleenkin voimassa heidän jäädessään eläkkeelle? Kuinka monesta huonolaatuisesta ja kalliista julkisesta palvelusta he maksaisivat vapaaehtoisesti, jos heillä olisi mahdollisuus käyttää rahansa haluamallaan tavalla?

Myytti 13
Ei ole (parempaa) vaihtoehtoa

Jos sanot vastustavasi demokratiaa, ihmiset epäilevät heti sinun suosivan diktatuuria. Se on kuitenkin hölynpölyä. Diktatuuri ei ole demokratian ainoa vaihtoehto. Vaihtoehto auton demokraattiselle ostamiselle ei ole diktaattori ostamassa sitä sinulle, vaan sinä itse ostamassa sitä itsellesi.

Winston Churchill sanoi: "demokratia on huonoin hallintotapa, ellei mukaan lasketa kaikkia muita hallintotapoja, joita aika ajoin on kokeiltu." Toisin sanoen, demokratialla on haittapuolensa, mutta ei ole olemassa parempaa järjestelmää. Kuuluisassa kirjassaan *"Historian loppu ja viimeinen ihminen"* Francis Fukuyama jopa kirjoitti "länsimaisen liberaalin demokratian universalisoinnista inhimillisen hallinnon lopullisena muotona". Oletettavasti, mitään parempaa ei voisi koskaan olla olemassa.

Tällä tavalla demokratian kritisointi lopetetaan sopivasti alkuunsa. Oletettavasti demokratia on poliittisten puolueiden ja ideologioiden yläpuolella, ja tästä jumalallisesta statuksesta johtuen erilaiset tai paremmat vaihtoehdot ovat mahdottomia. Tämä on pelkkää propagandaa. Demokratia on vain poliittisen järjestelmän erityinen muoto. Ei ole mitään syytä olettaa, että se on välttämättä paras järjestäytymisperiaate. Emme käytä demokratiaa tiedemaailmassa, emme äänestä tieteellisestä totuudesta, vaan käytämme logiikkaa ja tosiasioita, ja hyvästä syystä. Joten ei ole mitään syytä olettaa demokratian olevan välttämättä paras poliittinen hallintomuoto.

Mikseivät ihmiset voisi organisoitua toisin, kuin kansallisvaltiossa, joissa "kansa" määrää? Esimerkiksi pienemmissä yhteisöissä?

> *Vaihtoehto auton demokraattiselle ostamiselle ei ole diktaattori ostamassa sitä sinulle, vaan sinä itse ostamassa sitä itsellesi.*

Demokraattiset hallitsijamme vastustavat voimakkaasti hajauttamista ja tekevät sen jopa mahdottomaksi. Jos demokratia todellakin on niin hyvä järjestelmä, voisi olettaa, että ihmisille annettaisiin mahdollisuus vapaaehtoisesti liittyä – tai erota – demokraattisesta valtiosta. Ottaen huomioon demokratian siunauksellisuus, varmasti useimmat ihmiset seisoisivat jonossa liittyäkseen? Näin ei kuitenkaan ole. Yhdessäkään demokraattisessa maassa, mukaan lukien Yhdysvallat, osavaltiot tai maakunnat eivät saa lähteä omille teilleen.

Itse asiassa, suuntaus demokraattisissa maissa on pikemminkin päinvastainen, kohti yhä suurempaa vallan keskittämistä. Eurooppa yhtenä niistä on vähitellen muuttumassa demokraattiseksi supervaltioksi. Kyseenalaisena seurauksena saksalaiset voivat nyt päättää, miten kreikkalaisten pitäisi elää ja päinvastoin. Tässä jättidemokratiassa maat voivat maksattaa muissa maissa asuvilla ihmisillä oman lyhytnäköisen talouspolitiikkansa seuraukset – aivan kuten ihmiset kansallisessa demokratiassa voivat elää maanmiestensä kustannuksella. Jotkut valtiot tuhlaavat rahaa – eivät säästä, hellivät virkamiehiään anteliailla eläkejärjestelmillä, luovat velkaa, jota eivät voi koskaan maksaa pois – ja jos he saavat tarpeeksi monta EU-maata taakseen, he voivat pakottaa veronmaksajat paremmin johdetuissa maissa maksamaan laskun. Tämä on demokratian logiikka Euroopan tasolla.

Mitä suurempi demokraattinen valtio on, ja mitä heterogeenisempi sen väestö on, sitä suurempia jännitteitä syntyy. Tällaisen valtion eri ryhmät eivät epäröi käyttää demokraattista prosessia ryöstääkseen ja häiritäkseen muita ihmisiä, niin paljon kuin mahdollista, omaksi hyödykseen. Mitä pienempiä hallinnollisia yksiköitä, ja mitä homogeenisempi väestö, sitä suurempi mahdollisuus on, että demokratian ylilyönnit pysyvät vähäisinä. Ihmiset, jotka tuntevat toisensa henkilökohtaisesti tai tuntevat yhteenkuuluvuutta toisiinsa, tulevat vähemmän todennäköisesti ryöstämään ja sortamaan toisiaan.

Tästä syystä olisi hyvä idea antaa ihmisille mahdollisuus "hallinnolliseen irtautumiseen". Jos New Hampshire saisi erota Yhdysvalloista, sillä olisi paljon enemmän vapautta järjestää asiat eri tavalla kuin vaikkapa Kaliforniassa. Se voisi toteuttaa oman verojärjestelmänsä, joka voisi olla suotuisa niin yrittäjille kuin työntekijöillekin. Alueet voisivat kilpailla keskenään ja lait vastaisivat enemmän sitä, mitä ihmiset haluavat. Ihmiset voisivat "äänestää" jaloillaan siirtymällä toiseen osavaltioon. Hallinto olisi paljon dynaamisempaa ja vähemmän byrokraattista. Alueet voisivat oppia toisiltaan, koska ne voisivat kokeilla erilaisia menettelytapoja.

Esimerkiksi köyhien toimeentulotuki voidaan järjestää paljon paremmin paikallisella tasolla. Paikallinen valvonta ehkäisee väärinkäytöksiä ja on paras tae siitä, että vain todellisia avuntarvitsijoita autetaan eikä rahaa tuhlata siivelläeläjiin. Kansallisdemokraattisen hyvinvointivaltion purkaminen on tärkeää myös vähemmistöjen onnistuneen kotouttamisen takia. Nyt monet maahanmuuttajat vain elävät hyvinvointivaltion kustannuksella. He ovat maahanmuuttajia, joita kukaan ei halua. Mutta useimmat ihmiset hyväksyvät maahanmuuttajat, jotka huolehtivat itsestään ja ovat valmiita sulautumaan joukkoon.

Muuten, Churchill sanoi myös: "Paras argumentti demokratiaa vastaan on viiden minuutin keskustelu keskivertoäänestäjän kanssa."

II. Demokratian kriisi

Demokratia on saattanut saada alkunsa hienosta ihanteesta antaa valta kansalle, mutta tulokset 150 vuoden käytännön jälkeen ovat nyt nähtävillä eivätkä ne ole positiivisia. On selvää, että demokratia on pikemminkin tyrannimainen kuin vapauttava voima. Länsimaiset demokratiat ovat seuranneet sosialististen maiden polkuja ja näin niistäkin on tullut paikallaan polkevia, korruptoituneita, painostavia ja byrokraattisia. Kuten olemme edellä pyrkineet osoittamaan, tämä ei ole tapahtunut siksi, että demokraattinen ihanne olisi turmeltunut, vaan päinvastoin, koska ihanne itsessään on luonnostaan kollektivistinen.

Jos haluat tietää, miten demokratia todella toimii, ajattele tätä esimerkkiä. George Papandreou, kreikkalainen sosialistipoliitikko, voitti maansa vaalit vuonna 2009 yksinkertaisella iskulauseella: RAHAA ON! Hänen konservatiiviset vastustajansa olivat vähentäneet virkamiesten palkkoja ja muita julkisia menoja. Papandreou sanoi, ettei tämä ollut tarpeen. "Lefta yparchoun" oli hänen iskulauseensa – rahaa on. Hän voitti vaalit selvästi. Todellisuudessa rahaa ei tietenkään ollut tai pikemminkin, rahat piti ottaa muiden Euroopan unionin maiden veronmaksajilta. Mutta koska demokratiassa enemmistö on aina oikeassa, ja kun enemmistö huomaa, että se voi äänestää rikkauksia itselleen, se tulee väistämättä tekemään niin. On naiivia olettaa heidän toimivan toisin.

Kreikan esimerkki osoittaa myös, että demokratiassa ihmiset luontevasti olettavat valtion huolehtivan heistä. Demokraattinen valta tarkoittaa valtion valtaa. Tämän seurauksena ihmiset esittävät jatkuvasti vaatimuksia valtiolle. He tulevat yhä enemmän riippuvaisiksi valtiosta omien ongelmiensa ratkaisijana ja oman elämänsä ohjaajana. Millaisia ongelmia tahansa he kohtaavatkin, he odottavat hallituksen hoitavan ne. Liikalihavuus, huumeiden väärinkäyttö, työttömyys, opettaja- tai sairaanhoitajapula, maksulliset museokäynnit, tai mitä mieleen tuleekaan; valtion pitäisi tehdä asialle jotain. Mitä tahansa tapahtuu – tulipalo teatterissa, lento-onnettomuus, kapakkatappelu – valtion odotetaan etsivän syylliset ja varmistavan, ettei mitään tällaista tapahdu enää uudelleen. Jos he ovat työttömiä, he odottavat hallituksen "luovan työpaikkoja". Jos polttoaineen hinta nousee, he haluavat hallituksen tekevän asialle jotain. YouTubessa on video, jossa haastatellaan naista, joka on juuri kuunnellut presidentti Obaman puhetta ja hän melkein itkee ilosta. Hän huudahtaa: "minun ei tarvitse enää huolehtia autoni polttoainekuluista eikä asuntolainanlyhennyksistä!". Tällaista mentaliteettia demokratia kasvattaa.

Ja poliitikot ovat varsin halukkaita antamaan sitä, mitä kansa heiltä vaatii. He ovat kuin sananlaskun mies, jolla on vain vasara ja joka näkee kaiken nauloina, mitä iskeä. Samalla tavalla he pitävät itseään ongelmanratkaisijana kaikissa yhteiskunnan ongelmissa. Loppujen lopuksi, juuri siksi heidät valitaankin. He lupaavat "luoda työpaikkoja", alentaa korkoja, parantaa ihmisten ostovoimaa, tehdä asumisesta edullista köyhimmillekin, parantaa koulutusta, rakentaa leikki- ja urheilukenttiä, varmistaa tuotteiden ja työpaikkojen turvallisuuden, tarjota hyvää ja edullista terveydenhuoltoa kaikille, poistaa liikenneruuhkat, poistaa katurikollisuuden, poistaa lähiövandalismin, puolustaa kansallisia etuja muualla maailmassa, valvoa "kansainvälistä oikeutta" ympäri maailmaa, edistää riippumattomuutta ja taistella syrjintää vastaan kaikkialla, varmistaa, että ruoka on turvallista ja vesi puhdasta, pelastaa ilmasto, tehdä maasta puhtain, vihrein ja innovatiivisin maailmassa, ja karkottaa nälänhätä maapallolta. He täyttävät kaikki unelmamme ja vaatimuksemme, varjelevat meitä kohdusta hautaan, varmistavat onnellisuutemme ja tyytyväisyytemme aamuvarhaisesta iltamyöhään – ja tietenkin leikkaavat valtion menoarviota ja alentavat veroja.

Sellaisia ovat unelmat, joista demokratia on tehty.

Demokratian synnit

On ilmeistä, ettei tämä voi koskaan todellisuudessa toimia. Valtio ei voi saavuttaa kaikkea tätä. Viime kädessä poliitikot tekevät vain, mitä he voivat tehdä:
1. Syytää rahaa ongelmiin
2. Keksiä uusia sääntöjä ja määräyksiä
3. Perustaa komiteoita valvomaan heidän sääntöjensä täytäntöönpanoa

Politiikkoina he eivät oikeastaan voi muuta tehdä. He eivät edes voi maksaa toimintansa kustannuksia, vaan ne jätetään veronmaksajien maksettavaksi.

Näet tämän järjestelmän seurauksia ympärilläsi joka päivä:

Byrokratia. Demokratia on kaikkialla synnyttänyt paljon byrokratioita, jotka hallitsevat elämäämme yhä mielivaltaisemmin. Koska he ovat valtio, he ovat voineet varmistaa olevansa hyvässä suojassa ankarilta taloudellisilta realiteeteilta, joita me muut joudumme kohtaamaan. Heidän virastonsa eivät voi koskaan mennä vararikkoon, heitä tuskin irtisanotaan ja he joutuvat harvoin ongelmiin lain kanssa, koska he ovat laki. Samaan aikaan he laittavat valtavan rasitteen meille muille säännöillään ja määräyksillään. Kaikkialla aloittelevien yritysten toimintaa haitataan ja estetään monilla laeilla ja byrokratiakustannuksilla. Myös olemassa olevat yritykset kärsivät byrokratian painolastista. Yhdysvalloissa sääntelyn kustannukset, Small Business Administration:in mukaan, joka on valtion virasto, ovat 1 750 000 000 000 dollaria vuodessa [sba.gov, The Impact of Regulatory Costs on Small Firms]. Köyhät ja vähiten koulutetut kärsivät eniten tästä järjestelmästä; he eivät löydä töitä, koska heidät on hinnoiteltu pois markkinoilta minimipalkkalaeilla ja muilla laeilla, jotka kasvattavat työvoimakustannuksia. Heidän on myös hyvin vaikeaa perustaa omia yrityksiä, koska byrokratian viidakossa on vaikea suunnistaa.

Loisiminen. Byrokraattien ja poliitikkojen lisäksi on vielä toinenkin erittäin paljon demokraattisesta järjestelmästä hyötyvä ihmisjoukko. Se omistaa ja johtaa yrityksiä ja laitoksia, joiden olemassaolo perustuu hallituksen anteliaisuudelle tai sen myöntämille etuoikeuksille. Ajattele vaikka yritysjohtajia sotateollisuudessa, pankeissa ja rahoituslaitoksissa, niiden kaikkien olemassaolo perustuu keskuspankin tukeen. Mutta tähän joukkoon kuuluvat myös ihmiset "tuetuilla sektoreilla" – kulttuurilaitoksissa, julkisessa televisiossa, avustusjärjestöissä, ympäristöjärjestöissä, jne. – puhumattakaan koko "kansainvälisten instituutioiden" piiristä. Useilla näistä ihmisistä on tuottoisa työpaikka, josta he saavat kiittää läheisiä yhteyksiään valtioon tai valtion virastoihin. Demokraattinen systeemimme on auttanut ja yllyttänyt tätä institutionaalisen loisimisen muotoa.

Suuruudenhulluus. Turhautuneena kyvyttömyyteensä todella muuttaa yhteiskuntaa, hallitus käynnistää säännöllisesti jättimäisiä projekteja elvyttääkseen kuolevaa teollisuudenalaa tai palvellakseen jotain muuta jaloa tarkoitusta. Poikkeuksetta tällaiset toimet vain lisäävät ongelmia ja ne maksavat aina paljon enemmän kuin on suunniteltu. Ajattele koulutusuudistuksia, terveydenhuollon uudistussuunnitelmia, infrastruktuurihankkeita ja hölmöläisten energiahankkeita, kuten USA:n etanoliohjelmaa tai Euroopan tuulivoimahankkeita. Myös sotia voidaan pitää "julkisina hankkeina", joita hallitus käynnistää kääntääkseen kansan huomion pois kotimaan ongelmista, lisätäkseen hallituksen suosiota, luodakseen työpaikkoja alaluokalle ja ohjatakseen valtavia voittoja suosikkiyrityksilleen, jotka vastalahjaksi sponsoroivat poliitikkojen vaalikampanjoita ja tarjoavat työtä politiikasta ulos äänestetyille politiikoille. (Tarpeetonta sanoa, poliitikot eivät itse koskaan taistele aloittamissaan sodissa.)

Hyvinvointismi.

Köyhyyttä ja eriarvoisuutta vastaan taistelemaan valitut poliitikot tuntevat luonnollisesti omaksi pyhäksi velvollisuudekseen luoda

> Poliitikon pääkannustin demokratiassa on halu tulla uudelleen valituksi. Siksi heidän aikahorisonttinsa ei yleensä ulotu seuraavien vaalien jälkeiseen aikaan.

jatkuvasti uusia hyvinvointiohjelmia (ja määrätä uusia veroja niiden rahoittamiseksi). Tämä palvelee paitsi heidän omia etujaan, myös niiden täytäntöönpanosta vastaavia byrokraatteja. Nykyisin hyvinvointi vie huomattavan osan valtion menoista useimmissa demokraattisissa maissa. Britanniassa hallitus kuluttaa kolmanneksen talousarviostaan hyvinvointiin. Italiassa ja Ranskassa vastaava luku lähestyy jo 40 prosenttia. Monien sosiaalialan järjestöjen (esim. ammattijärjestöt, julkiset eläkerahastot, valtion työvoimatoimistot) intressissä on hyvinvointivaltion ylläpitäminen ja laajentaminen. Demokraattinen hallitus ei tyypillisesti tarjoa muuta vaihtoehtoa eikä tee sopimuksia kansalaistensa kanssa. Kaikki pakotetaan maksamaan korkeita työttömyysvakuutus- ja sosiaaliturvamaksuja, mutta kukaan ei silti tiedä, mitä etuja he tulevaisuudessa tulevat saamaan. Rahat, jotka he ovat joutuneet maksamaan, on jo käytetty. Tuleva sosiaaliturvan romahdus on näkyvin esimerkki tällaisesta tuhlaavaisuudesta. Ja muista, että sosiaaliavustukset eivät mene vain "heikommassa asemassa" oleville. Hyvin paljon "hyvinvoinnista" menee rikkaille, esimerkiksi pankeille, joita on tuettu miljardeilla (joiden ansiosta johtajat ovat myöntäneet itselleen komeita bonuksia).

Paisuva hyvinvointivaltio

Valtion etuja saavassa taloudessa elävien amerikkalaisten osuus koko väestöstä

Osuus

Source: U.S. Census Bureau   *Vuosi*

Epäsosiaalinen käyttäytyminen ja rikollisuus. Demokraattinen hyvinvointivaltio kannustaa vastuuttomuuteen ja epäsosiaaliseen käyttäytymiseen. Vapaassa yhteiskunnassa huonosti käyttäytyvät ihmiset, ne jotka eivät pidä lupauksiaan tai toimivat huomioimatta toisia, menettävät ystäviensä, naapuruston ja perheen tuen. Hyvinvointivaltiomme kuitenkin sanoo heille: Jos kukaan ei enää halua auttaa sinua, me autamme! Näin ihmisiä palkitaan epäsosiaalisesta käyttäytymisestä. Totuttuaan siihen, että valtio tarjoaa heille kaiken tarvittavan, heille kehittyy siivelläeläjän mentaliteetti, eivätkä he enää halua työskennellä toimeentulonsa eteen. Pahentaakseen asioita, jäykkä työlainsäädäntö (sekä syrjinnän vastaiset lait) vaikeuttavat työnantajien mahdollisuuksia päästä eroon huonosti suoriutuvista työntekijöistä. Samoin sääntely tekee melkein mahdottomaksi erottaa huonosti käyttäytyviä tai alisuorittavia opettajia ja opiskelijoita. Kunnan asunnoista on hyvin vaikea häätää naapureita häiriköiviä kiusankappaleita. Yökerhoissa huonosti käyttäytyviä kansan-ryhmiä ei voida käännyttää ovelta syrjinnän vastaisten lakien takia. Lisätäkseen suolaa haavoihin, hallitus perustaa usein kalliita avustusohjelmia epäsosiaalisille ryhmille, kuten jalkapallo-huligaaneille. Näin rikollisuudesta palkitaan ja sitä kannustetaan.

Keskinkertaisuus ja matalammat standardit. Koska köyhät ovat yleensä enemmistönä kaikissa yhteiskunnissa ja paremmin menestyneet ja kykenevät yhteiskunnan jäsenet vähemmistönä, demokratiassa politiikoilla on väistämätön paine uudelleenjakaa vaurautta – ottaa rikkailta ja antaa köyhille. Tällä tavoin menestystä ja huippuosaamista rangaistaan progressiivisten verojen avulla. Tästä syystä demokratian voidaan odottaa johtavan väestön tyhmistymiseen ja kulttuuristen standardien heikentymiseen. Missä enemmistö määrää, siellä keskinkertaisuudesta tulee normi.

Tyytymättömyyden kulttuuri. Demokratiassa yksityiset erimielisyydet kääntyvät alati sosiaalisiksi konflikteiksi. Tämä johtuu valtion sekaantumisesta kaikkiin henkilökohtaisiin ja sosiaalisiin suhteisiin. Kaikki mikä menee jossain päin pieleen – huonosti toimivasta julkisesta koulusta paikalliseen mellakkaan, paisuvat valtakunnallisiksi (tai jopa kansainvälisiksi) ongelmiksi, joihin poliitikkojen on löydettävä ratkaisu. Jokainen tuntee tarvetta ja häntä rohkaistaan pakottomaan oma maailmankuvansa muille. Ryhmät, jotka tuntevat kokeneensa vääryyttä, pystyttävät tiesulkuja, järjestävät mielenosoituksia tai menevät lakkoon. Tämä luo yleistä turhautumisen ja tyytymättömyyden tunnetta.

Lyhytjänteisyys-ismi. Poliitikon pääkannustin demokratiassa on halu tulla uudelleen valituksi. Siksi heidän aikahorisonttinsa ei yleensä ulotu seuraavien vaalien jälkeiseen aikaan.

> *Demokratiassa yksityiset erimielisyydet kääntyvät alati sosiaalisiksi konflikteiksi. Tämä johtuu valtion sekaantumisesta kaikkiin henkilökohtaisiin ja sosiaalisiin suhteisiin.*

Lisäksi, demokraattisesti valitut poliitikot työskentelevät resursseilla, jotka eivät ole heidän, ja jotka ovat vain väliaikaisesti heidän käytössään. Toisin sanoen, he kuluttavat toisten ihmisten rahoja. Tämä tarkoittaa, ettei heidän tarvitse varoa sitä, mitä he tekevät ja ajattelevat tulevaisuudesta. Siksi demokratiassa vallitsee lyhyen aikavälin politiikka. Eräs entinen Hollannin sosiaaliministeri sanoi kerran, "Poliittisten johtajien pitäisi hallita, ikään kuin vaaleja ei koskaan enää tulisi. Näin he pystyisivät ottamaan asioihin pitkän aikavälin näkökulman." Mutta juuri tätä he eivät tietenkään voi tehdä. Kuten amerikkalainen kirjailija Fareed Zakaria ilmaisi haastattelussaan: "Mielestäni meillä on edessämme todellinen kriisi länsimaissa. Näet, että jokaisessa länsimaisessa yhteiskunnassa on perustavanlaatuinen kyvyttömyys tehdä minkäänlaisia lyhyen aikavälin uhrauksia pitkän aikavälin hyödyn saavuttamiseksi. Aina kun hallitus yrittää ehdottaa jonkinlaista "kipua", seurauksena on kapina. Ja kapina onnistuu lähes aina." Koska demokratiassa ihmisiä kannustetaan käyttäytymään siiveläeläjien lailla ja poliitikot toimivat enemminkin vuokralaisina kuin kiinteistöjen omistajina, koska he ovat virassa vain väliaikaisesti, tämän lopputuloksen ei tulisi yllättää ketään. Vuokraajalla tai liisaajalla on paljon vähemmän kannustimia olla varovainen ja ajatella pitkällä aikavälillä kuin omistajalla.

Miksi asiat menevät jatkuvasti huonompaan suuntaan

Teoriassa ihmiset voisivat äänestää erilaista, vähemmän byrokraattista ja vähemmän haaskaavaa järjestelmää. Käytännössä tätä ei todennäköisesti tule tapahtumaan, koska on liian paljon ihmisiä, joiden oman edun mukaista on säilyttää nykyinen järjestelmä. Ja valtion hitaasti kasvaessa isommaksi, tämä ryhmä kasvaa sen mukana. Kuten suuri itävaltalainen taloustieteilijä Ludwig von Mises osoitti, erityisesti byrokratia vastustaa mitä tahansa muutosta kynsin hampain. "Byrokraatti ei ole vain valtion työntekijä", Mises kirjoitti. "Hän on, demokraattisen perustuslain alaisena, samaan aikaan äänestäjä ja sellaisena myös osa ylintä vallankäyttäjää, hänen työnantajaansa. Hän on erikoisessa asemassa: hän on sekä työnantaja että työntekijä. Ja hänen taloudellinen intressinsä työntekijänä on suurempi, kuin hänen intressinsä työnantajana, koska hän saa paljon enemmän julkisista varoista itselleen, kuin mitä hän joutuu maksamaan niiden rahoittamisesta. Tämä kaksoissuhde tulee entistä tärkeämmäksi, kun valtion palkkalistoilla olevien ihmisten määrä kasvaa. Byrokraatti äänestäjänä on paljon innokkaampi saamaan palkankorotuksen kuin pitämään budjetin tasapainossa. Hänen tärkein huolenaiheensa on turvottaa palkkasummaansa."

Taloustieteilijä Milton Friedman jakoi rahankäytön neljään tyyppiin. Ensimmäinen on, kun kulutat omia rahojasi itseesi. Sinulla on kannustin etsiä laatua ja kuluttaa taloudellisesti. Näin rahaa yleensä käytetään yksityisellä sektorilla. Toinen tyyppi on, kun käytät omia rahojasi jonkun muun hyväksi, esimerkiksi tarjotessasi jollekin toiselle illallisen. Olet varmasti huolellinen käyttämäsi summan suhteen, mutta vähemmän kiinnostunut laadusta. Kolmas tyyppi on, kun käytät jonkun muun rahaa itseesi, esimerkiksi kun syöt lounasta työnantajasi laskuun. Koet vähän kannustimia olla säästäväinen, mutta näet vaivaa oikea lounaan valinnassa. Neljäs tapa on, kun käytät jonkun toisen rahoja jonkun muun hyväksi. Siinä tapauksessa sinulla ei ole mitään syytä huolehtia laadusta tai kustannuksista. Tällä tavalla hallitus yleensä käyttää verorahojasi.

Poliitikkoja pidetään harvoin vastuullisina teoistaan, jotka osoittautuvat haitallisiksi pitkällä aikavälillä. He saavat kunniaa hyvistä aikomuksistaan ja ohjelmiensa ensimmäisistä myönteisistä tuloksista. Pitkän aikavälin kielteiset seuraukset (esimerkiksi velat, jotka on maksettava takaisin) jäävät heidän seuraajiensa vastuulle. Toisaalta, poliitikoilla ei ole juurikaan kannustinta työskennellä sellaisten ohjelmien parissa, jotka tuottavat tulosta vasta heidän jätettyään virkansa, koska silloin tulevat johtajat saisivat niistä kunnian.

Näin ollen demokraattiset valtiot tuhlaavat poikkeuksetta enemmän rahaa, kuin ne sitä saavat. Ne ratkaisevat tämän ongelman nostamalla veroja, tai

> Valtiot käyttävät toisten rahoja muiden hyväksi. Tästä syystä niillä ei ole mitään kannustinta huolehtia laadusta tai kustannuksista.

paremminkin – koska verot yleensä ärsyttävät ihmisiä, jotka joutuvat maksamaan niitä – lainaamalla rahaa tai yksinkertaisesti painamalla sitä. (Huomaa, että ne yleensä lainaavat suosikkipankeistaan, jotka hallitus sitten niiden ylivelkaantuessa pelastaa.) Harvoin ne leikkaavat omaa budjettiaan. Kun ne puhuvat "leikkaamisesta", ne tarkoittavat tavallisesti hitaampaa menojen kasvua.

Tietenkin rahan painaminen johtaa inflaatioon, mikä ilmenee ihmisten säästöjen arvon alenemisena. Rahan lainaaminen aiheuttaa valtionvelan kasvua ja aiheuttaa korkomenoja tuleville sukupolville. Nykyään julkinen velka on kasvanut lähes jokaisessa maailman demokratiassa niin suureksi, ettei sitä todennäköisesti koskaan pystytä maksamaan takaisin. Asioista entistä pahempaa tekee se, että laitokset, kuten eläkerahastot ovat massiivisesti ostaneet julkista velkaa olettaen tämän olevan hyvä pitkän aikavälin investointi. Se on julma vitsi. Monet ihmiset eivät koskaan tule saamaan eläkettä, jonka varaan he ovat laskeneet, koska heidän eläkerahastoissaan olevat rahansa on jo tuhlattu.

Kuitenkin huolimatta kaikista näistä demokratian mukanaan tuomista ongelmista, uskomme ja toivomme edelleen, että seuraavien vaalien jälkeen kaikki muuttuu. Tämä jumittaa meidät noidankehään: Järjestelmä ei tarjoa mitä se lupaa, ihmiset turhautuvat ja vaativat parannuksia, poliitikot lupaavat yhä enemmän, odotukset kasvavat yhä korkeammiksi, väistämättömät pettymykset tulevat yhä suuremmiksi, ja niin edelleen. Demokratiassa kansalaiset ovat kuin alkoholisteja, joiden täytyy juoda yhä enemmän päihtyäkseen, lopputuloksena aina entistä pahempi krapula. Sen sijaan, että he huomaisivat, että heidän pitäisi pysyä kokonaan erossa viinasta, he haluavat sitä yhä enemmän. He ovat täysin unohtaneet, miten huolehtia itsestään, eivätkä he enää ole vastuussa omasta elämästään.

Miksi me tarvitsemme vähemmän demokratiaa

Kysymys kuuluu, kuinka kauan tämä tilanne voi jatkua nykyisen yhteiskunnallisen tyytymättömyyden sekä poliittisen ja taloudellisen järjestelmän epävakauden vallitessa. Monet ihmiset ymmärtävät järjestelmässä olevan jotain vikaa. Poliitikot ja mielipidevaikuttajat valittavat poliittisen kentän hajoamista, äänestäjien ailahtelevaisuutta sekä median pinnallisuutta ja sensaatiohakuisuutta. Kansalaiset valittavat, etteivät poliitikot kuuntele heitä, että he eivät saa mitä heille luvattiin, ja että kansanedustuslaitos on farssia, hyvän hallinnon irvikuva. Kuitenkin he syyttävät ongelmista vääriä poliitikkoja tai maahanmuuton ja globalisaation kaltaisia sivuseikkoja, mutta eivät itse demokratian ominaisvikoja.

Juuri nyt kukaan ei oikein tiedä miten tästä mentäisiin eteenpäin. Jokainen on juuttunut kapeakatseisuuteen nimeltään demokratia. Ainoa "ratkaisu", jota ihmiset osaavat ajatella,

> *Demokratiassa kansalaiset ovat kuin alkoholisteja, joiden täytyy juoda aina yhä enemmän päihtyäkseen, seurauksena entistä pahempi krapula.*

on "enemmän demokratiaa", toisin sanoen enemmän valtion väliintuloa. Juovatko nuoret liikaa alkoholia? Nostetaan juomisen alaikärajaa! Laiminlyödäänkö pitkäaikaissairaita vanhain-kodeissa? Kasvatetaan tarkastajien määrää! Onko innovaatiosta puutetta? Perustetaan valtiolle keksintökomitea! Oppivatko lapset koulussa liian vähän? Määrätään enemmän kokeita! Onko rikollisuus kasvussa? Perustetaan uusi ministeriö! Sääntele, kiellä, pakota, ehkäise, tarkista, tarkasta, suosi, uudista ja, ennen kaikkea, kaada rahaa ongelmaan.

Entä jos mikään näistä ei toimi? Lopulta tilaus suurelle johtajalle, vahvalle miehelle, joka panee pisteen kaikelle kotkotukselle ja tuo lain ja järjestyksen, huomataan. Tähän on tietty logiikka. Jos valtion on säänneltävä kaikkea, niin miksi sitä ei tehtäisi kunnolla hyväntahtoisen diktaattorin toimesta? Pois loputon jahkailu, epäröinti, riitely ja tehottomuus. Mutta tämä olisi paholaisen kauppa. On totta, että saisimme lain ja järjestyksen. Mutta hintana olisi vapauden, dynaamisuuden ja kasvun loppu.

Onneksi on olemassa toinenkin keino, vaikka monien mielestä sitä on vaikea kuvitella. Keino on: Vähemmän demokratiaa. Vähemmän valtiota. Enemmän yksilönvapautta.

Miltä tämä libertaarinen ihanne voisi käytännössä näyttää, on aiheena tämän kirjan viimeisessä luvussa.

III. Kohti uutta vapautta

On harhaa ajatella, että yhteiskuntamme ongelmat voidaan ratkaista "enemmällä demokratialla". Saati sitten, että demokratia olisi kaikista mahdollisista järjestelmistä parhain.

Demokratia syntyi aikana, jolloin valtio oli suhteellisen pieni. Puolitoista vuosisataa demokratiaa on kuitenkin johtanut valtion valtavaan laajentumiseen kaikissa demokraattisissa maissa. Se on johtanut myös tilanteeseen, jossa meidän ei pidä pelätä vain valtiota vaan myös kanssa-kansalaisiamme, jotka voivat orjuuttaa meidät vaaliuurnilla.

Sokea usko demokratiaan yhteiskunnassamme ei ole itsestään selvää. Se on itse asiassa melko uusi ilmiö. Saattaa tulla yllätyksenä monille lukijoille, että Yhdysvaltojen suurenmoiset perustajaisät – kuten Benjamin Franklin, Thomas Jefferson ja John Adams – vastustivat poikkeuksetta demokratiaa. "Demokratia", sanoi Benjamin Franklin, "on kaksi sutta ja lammas äänestämässä siitä, mitä syödään lounaaksi. "Vapaus", hän lisäsi, "on hyvin aseistettu lammas vastustamassa äänestystä." Thomas Jefferson sanoi, että demokratia "ei ole mitään muuta, kuin vahvemman oikeutta, jossa 51 % ihmisistä voi anastaa loppujen 49 % oikeudet."

He tuskin olivat yksin. Useimmat klassiset liberaalit ja konservatiivinen älymystö 1700- ja 1800-luvuilla, mukaan lukien kuuluisat ajattelijat, kuten Lord Acton, Alexis de Tocqueville, Walter Bagehot, Edmund Burke, James Fenimoore Cooper, John Stuart Mill ja Thomas Macaulay, vastustivat demokratiaa. Kuuluisa konservatiivikirjailija Edmund Burke kirjoitti: "Siitä olen varma, että demokratiassa enemmistö kansalaisista pystyy käyttämään kaikkein julminta sortoa vähemmistöä kohtaan .. ja että vähemmistön sorto ulottuu paljon laajemmalle, ja voi kantaa paljon suurempaa kiihkoa, kuin mitä voidaan koskaan pelätä yksittäisen vallanpitäjän taholta."

Thomas Macalauy, kuuluisa brittiläinen liberaaliajattelija, ilmaisi samankaltaisen mielipiteen: "Olen ollut pitkään vakuuttunut siitä, että puhtaasti demokraattiset instituutiot ennemmin tai myöhemmin hävittävät vapauden tai sivilisaation, tai molemmat." Nämä olivat siihen aikaan täysin hyväksyttäviä ajatuksia, kuten

Erik Ritter von Kuehnelt-Leddihn osoittaa kirjassaan "*Liberty or Equality*" (1951).

1800-luvun loppupuolella ja 1900-luvulla klassisen liberalismin aatetta kuitenkin työnnettiin yhä enemmän taka-alalle ja se korvattiin uskolla kollektivismiin – ajatukseen, että yksilö on alisteinen ryhmälle. Liberalismi korvattiin kollektivismin eri muodoilla – kommunismilla, sosialismilla, fasismilla ja demokratialla. Jälkimmäistä syötetään nyt meille "vapauden" aatteena. Mutta kuten olemme tässä kirjassa osoittaneet, on täysin väärin rinnastaa demokratiaa vapauden kanssa. Kuten klassiset liberaalit ajattelijat aiemmin huomasivat, demokratia on itse asiassa – varsin ovela – sosialismin muoto. Se mitä on vapaudestamme jäljellä, on lännessä vielä hengissä olevan klassisen liberalismin perinteen ansiota, ei demokratian.

Tämä klassisen liberalismin perinne on kuitenkin kovan paineen alla. Jokaisen uuden, kaikkialla olevan päivittäisen demokraattisen propagandan altistamana kasvavan, sukupolven myötä osa liberaalista perinnöstä kuolee pois. Kukaan ei enää ylläty, kun naiset vaativat kiintiöitä yhtiöiden hallituksiin, kun valtio kieltää tupakoinnin pubeissa tai kun hallitus päättää, mitä lapsillemme koulussa opetetaan. Kaikki eivät ole yhtä mieltä näistä seikoista – mutta kaikkien mielestä on täysin normaalia, että valtio päättää näistä asioista. Tuskin kukaan vastustaa sitä tosiasiaa, että elämme järjestelmässä, joka sekaantuu elämäämme aina pienintä yksityiskohtaa myöten. Käsitykselle, jonka mukaan olisi päätettävä "demokraattisesti" kuinka meidän kaikkien pitäisi elää, ei ole periaatteellista oppositiota.

Hajauttaminen ja yksilönvapaus

Onko mahdollista, että demokratialle löytyy vaihtoehto? Yhteiskunta ilman pakottavaa valtiota, ilman vahvemman oikeutta, vapaa ja yhteistyöhön perustuva yhteiskunta?

Ehdottomasti. Tällainen vaihtoehto tarvitaan pikaisesti, jos emme halua liukua tyranniaan ja pysähtyneisyyteen. Länsimaat tarvitsevat uuden ihanteen. Ihanteen, joka yhdistää dynaamisuuden ja yksilönvapauden sosiaalisen harmoniaan. Tällainen ihanne ei ole utopiaa. Se voidaan saavuttaa. Ensimmäiseksi valtion roolia täytyy pienentää. Ihmisten täytyy ottaa uudelleen kontrolli omaan elämäänsä ja työnsä hedelmiin.

Ilman toisten asioihin sekaantuvia sääntöjä ja verotusta ihmiset tulevat luomaan turvallisia, hyvinvoivia ja kestäviä yhteisöjä. Mikseivät ihmiset voisi käyttää omaa rahaansa niin, kuin he haluavat ja itse hankkia haluamansa vakuutuksen, terveydenhuollon ja koulutuksen? Mikä suuri katastrofi meitä kohtaisi, jos näin kävisi? Miksi valtion pitäisi ottaa ihmisten rahat veroina ja tehdä nämä päätökset heidän puolestaan? Ihmisille on jälleen annettava vapaus valita itse ja ratkaista omat ongelmansa parhaaksi katsomallaan tavalla – yksin tai, todennäköisesti useimmiten, yhdessä. Sillä ilman yhteistyötä, järjestys ja vauraus ovat mahdottomia. Mutta yhteistyö voi todella toimia vain keskinäiseen suostumukseen perustuvan vapaaehtoisuuden pohjalta.

Ihmisten on saatava takaisin hallintaansa oman työnsä hedelmät. Heillä on oltava vapaus luoda omia paikallisia – uskonnollisia, kommunistisia, kapitalistisia, etnisiä jne. – yhteisöjä.

> *Miksei vastaavasti olisi markkinoita hallinnoille, missä niiden täytyisi kilpailla, ja missä kansalaiset voisivat helposti siirtyä toisen hallinnon alueelle asumaan ja työskentelemään?*

Näitä voitaisiin hallinnoida "demokraattisesti", jos asukkaat niin haluavat, tai jos eivät halua, niin ei.

Markkinat hallinnoille

Patri Friedman, nobelisti Milton Friedmanin pojanpoika, sanoi kerran: "Valtionhallinto on ala, jonne on erittäin korkea kynnys päästä. Tosiasiassa, sinun täytyy voittaa vaalit tai aloittaa vallankumous kokeillaksesi uudenlaista hallintoa."

Hallinnoissa on todellakin hyvin vähän valinnanvaraa ja kilpailua. Ihmiset pitävät tärkeänä sitä, että yritykset kilpailevat. Ihmiset odottavat joustavia vapaita markkinoita autoille, vaatteille ja vakuutuksille monine eri toimittajineen. Miksei vastaavasti olisi markkinoita hallinnoille, missä niiden täytyisi kilpailla, ja missä kansalaiset voisivat helposti siirtyä toisen hallinnon alueelle asumaan ja työskentelemään? Tällä hetkellä ihmiset voivat muuttaa toiseen kaupunkiin, mutta koska suurin osa veroista ja laeista tulee kansalliselta valtiolta tai liittovaltiolta, tämä ei muuta mitään. Saadakseen toisenlaisen hallinnon, ihmiset joutuvat muuttamaan toiseen maahan, mikä on hyvin suuri kynnys.

Tiedämme, että yrityksillä on taipumus muodostaa monopoleja ja kartelleita vähentääkseen kilpailua. Myös hallituksilla on tämä sama taipumus. Katsokaa hallintovallan keskittymistä Washingtonissa tai Brysselissä. Vapailla markkinoilla ihmisten on kuitenkin aina mahdollista perustaa uusia yrityksiä haastamaan nykyisiä monopoleja ja kartelleja. Tästä syystä yksityisen sektorin monopolit ovat yleensä lyhytikäisiä. Kun monopoliasemassa oleva yritys pyytää korkeita hintoja tai käyttää väärin markkina-asemaansa, se kannustaa muita yrityksiä pääsemään kyseisille markkinoille.

Hallinnossa tällainen kilpailu puuttuu. Aitoina monopolisteina poliitikot eivät halua kilpailua hallintoon. He pitävät siitä, että kaikki asiat

> *Hajauttaminen, toisin kuin kansallinen demokratia, on "elä ja anna toistenkin elää" -järjestelmä.*

päätetään kollektiivisesti keskustasolla. "Laiton maahanmuutto voidaan ratkaista vain Euroopan tasolla", he sanovat. Tai: "velkakriisi voidaan ratkaista vain kansainvälisesti." Tai: "Ainoastaan voimakas keskusvirasto voi torjua terrorismin." Kuitenkin, maailmassa on olemassa paljon pieniä maita, jotka eivät kuulu "ryhmittymiin" ja jotka eivät kärsi taloudellisista kriiseistä tai terrorismista. Samoin meidän oletetaan uskovan, että koulutusta, terveydenhuoltoa, rahoitusta, sosiaaliturvaa, ja niin edelleen, on koordinoitava ja säänneltävä vähintään kansallisella tasolla. Mutta ei ole olemassa mitään syytä, miksi näin pitäisi olla.

Hallinnon hajauttamisesta olisi hyötyä monille yhteiskunnan ryhmille. Paikallisella itsehallinnolla, edistykselliset ajattelijat voivat tuoda edistyksellisiä ajatuksiaan käytäntöön ja konservatiiviset ajattelijat voivat tehdä samoin omille arvoillensa, pakottamatta muita sopeutumaan heidän elämänkatsomukseensa. Ihmiset, jotka haluaisivat perustaa ekohippiyhteisön voivat elää unelmansa mukaisesti. Omalla kustannuksellaan tietenkin. Uskonnollinen yhteisö, joka haluaa pitää kauppansa suljettuna sunnuntaisin, voi tehdä niin. Kaikille sopiva yhden koon ratkaisu on tarpeeton ja ei-toivottu. Hajauttaminen, toisin kuin kansallinen demokratia, on "elä ja anna toistenkin elää" -järjestelmä. Joten antakaamme tuhansien kansakuntien kukoistaa.

Monimuotoisuus hallinnossa merkitsee sitä, että ihmiset voivat päättää helpommin minkä järjestelmän alaisuudessa he haluavat elää. He voivat mennä toiseen kuntaan tai maakuntaan, jos he haluavat toisenlaista hallintoa. Tällainen kilpailu varmistaa, että hallitsijat ovat vastuussa, mikä tuskin tapahtuu silloin, kun kansalaisen vaikutusmahdollisuudet rajoitetaan neljän vuoden välein pidettäviin vaaleihin. Vaikka vain harvat kansalaiset todella muuttaisivat toiselle alueelle, se on silti vahva kannustin hallitsijoille parantaa politiikkaansa.

Jos kaikkea ei määrätä keskitetysti, alueet voivat valita suunnan, joka sopii niiden olosuhteisiin ja mieltymyksiin. Esimerkiksi, tietty alue voi alentaa huomattavasti veroja ja sääntelyä piristääkseen taloudellista toimintaa. Amerikkalainen historioitsija Thomas E. Woods huomauttaa, että poliittinen vapaus syntyi Länsi-Euroopassa nimenomaan siellä historiallisesti vallinneen hajanaisuuden ja eriytyneisyyden ansiosta. Lukuisat pienet lainkäyttöalueet mahdollistivat sen, että ihmiset voivat paeta sortavista paikoista vapaimpiin paikkoihin. Tyrannimaiset hallitsijat huomasivat joutuvansa pakon sanelemana sallimaan enemmän vapautta.

Hajauttaminen Sveitsissä

Sveitsi on pitkään todistanut, että hajauttaminen voi toimia hyvin. Usein ajatellaan, että suuri koko ja keskittäminen tuovat vaurautta ja kaikenlaisia muita etuja. Kuitenkin, Sveitsi, joka ei ole EU:n eikä Naton jäsen, todistaa muuta. Lähes 8 miljoonalla asukkaalla tämä maa on väestöltään noin Virginian kokoinen ja sen hallinto on erittäin hajautettu. 26 kantonia – hallintoaluetta – kilpailemassa toistensa kanssa ja nauttimassa suuresta itsemääräämisoikeudesta. Kantonit olivat kerran erillisiä itsenäisiä valtioita, ja joissain niistä on vähemmän kuin 50 000 asukasta. Sen lisäksi Sveitsissä on noin 2 900 kuntaa – pienimmässä niistä on noin 30 asukasta. Tämä on paljon enemmän, kuin useimmissa muissa Euroopan maissa. Suurin osa Sveitsin veroista maksetaan kunnalle ja kantonille, ei liittohallitukselle. Kunnat ja kantonit poikkeavat toisistaan suuresti verotuksessa ja sääntelyssä, ja siten kilpailevat toistensa kanssa kansalaisten ja yritysten suosiosta.

On hyvin tunnettua, että Sveitsi on erittäin menestyksekäs maa. Se on maailman kärkeä eliniänodotteeltaan, työllisyydeltään, hyvinvoinniltaan ja vauraudeltaan. Se on yksi harvoista maailman maista, joka ei ole kokenut sotaa yli vuosisataan. Huolimatta neljästä kielestä (saksa, ranska, italia ja retoromaani), siellä vallitsee sosiaalinen harmonia päinvastoin kuin Belgiassa, jossa jännitteet ja keskinäiset eturistiriidat hollantia puhuvan Flanderin ja ranskankielisen Vallonin välillä ovat aina uhkaamassa jakaa maan. Siinä missä Flanderit valittavat, että heidän täytyy maksaa vähemmän vauraista Valloneista, Sveitsiläiset eivät koe tällaisia kitkaa hajautetun järjestelmänsä ansiosta.

Tietenkin, Sveitsi on demokratia, mutta maassa on niin paljon ja niin pieniä demokraattisia yksiköitä, että se onnistuu välttämään monia kansallisen parlamentaarisen demokratian kielteisiä vaikutuksia.

Sveitsi osoittaa myös, miten mahdollisuus eroamiseen vähentää jännitteitä. 1970 -luvulla Bernin kantonin ranskankieliset asukkaat tunsivat olevansa huonosti edustettuina pääosin saksankielisellä alueella, jossa he elävät. Joten vuonna 1979 ranskankieliset yhteisöt erosivat ja muodostivat Juran kantonin. Kautta vuosisatojen, eri etnisten ryhmien ja kieliryhmien väliset riidat on ratkaistu rauhanomaisesti tällä tavalla. Koska Sveitsin kantonit ja yhteisöt ovat pieniä, ihmiset voivat äänestää vaaliuurnien lisäksi myös jaloillaan, jos he eivät ole tyytyväisiä hallintoon. Näin huono politiikka syrjäytetään hyvällä politiikalla.

Tämä ei tarkoita, että kannatamme Sveitsin mallia ihanteellisena tai ainoana vaihtoehtona. Se on kuitenkin esimerkki, joka osoittaa, miten hajautettu hallinto voisi toimia ja miten se johtaa alhaisempiin veroihin ja suurempaan yksilönvapauteen. Emme myöskään tarkoita, että demokratia on ilman muuta hyvä asia, kunhan se pysyy pienenä. Kolmen ihmisen demokratia on silti väärin, jos kukaan ei voi välttää sitä. Silloin sillä voi olla samoja kielteisiä vaikutuksia, kuin 10 miljoonan kansalaisen demokratialla.

Tärkeintä on, että ihmiset voivat itse määrittää, minkä kokoisissa hallinnollisissa yksiköissä he haluavat elää ja minkä tyyppisen hallinnon he haluavat. Sen ei tarvitse olla demokratia. Liechtenstein (160 km2), Monaco (2 km2), Dubai, Hongkong (1100 km2) ja Singapore (710 km2) eivät ole parlamentaarisia demokratioita. Mutta ne ovat menestyneitä. Nämä maat osoittavat, että usein "pieni on kaunista".

Voisi ajatella, että oikeus irrottautumiseen ja itsehallintoon siirtymiseen johtaa konflikteihin. Mutta tällä ei välttämättä ole syy-seuraussuhdetta. Mieti, kuinka vapaat markkinat toimivat. Kaikilla on oikeus aloittaa liiketoiminta. Silti suurin osa ihmisistä työskentelee yrityksissä. Tällainen yhteistyö hyödyttää kaikkia osapuolia. Tämä pätee myös valtioihin. Ihmiset voivat halutessaan olla itsenäisiä, mutta useimmat katsovat yhteiskuntaan liittymisen olevan itselleen hyödyllistä. Ja myös erilaiset yhteisöt pitävät yhteistyötä oman etunsa mukaisena. Toki mittakaavaedut voivat vähentää kustannuksia, mutta missä mittakaavassa se tapahtuu, voidaan määrittää vain, jos ihmiset voivat vapaasti valita.

Irrottautumisen ei tarvitse välttämättä heti johtaa täydelliseen hallinnolliseen riippumattomuuteen. Mitä tahansa hajauttamisen muotoa, jossa tietyt vastuut siirretään keskushallinnolta paikallisille hallinnoille, voidaan kutsua poliittiseksi irrottautumiseksi. Tämä voisi olla houkutteleva (siirtymävaiheen) muoto täydellisen irrottautumisen ja nykytilanteen välillä.

Se miten tämä voisi toimia, voidaan nähdä esimerkiksi ns. erityistalousalueista, kuten Shenzhen, jonka Kiinan hallitus perusti 1980- ja 1990-luvuilla. Näillä alueilla oli vähän sääntelyä, ne sallivat joitain ulkomaisia investointeja ja tasoittivat tietä lopulle Kiinalle vapautua enemmän. Myös Dubai on perustanut tällaisia vapaakauppa-alueita, joissa on vain vähän kauppa- ja työsääntelyä. Tällaiset taloudelliset vapaa-alueet voisivat olla mallina poliittisille vapaa-alueille, joissa ihmiset voisivat kokeilla erilaisia hallintotapoja.

Sopimusyhteiskunta

Usein ajatellaan, että jos valtio ei tarjoa jotain (esim. maksa oopperaa tai vanhustenhuoltoa), sitä ei tule tapahtumaan. Mutta tämä on entisen Neuvostoliiton kansalaisten mentaliteetti. He kysyivät: missä me olisimme, jos valtio ei enää huolehtisi meistä? Kun amerikkalainen taloustieteilijä Milton Friedman vieraili kommunistisessa Kiinassa, virkamiehet kysyivät häneltä, kuka on Yhdysvaltain luonnonvaraministeri. Kun hän kertoi heille, ettei sellaista henkilöä ollut, he tuijottivat häntä epäuskoisena. He eivät voineet kuvitella, että raaka-aineiden tuotanto ja jakelu oli mahdollista ilman valtion valvontaa.

Ennen ihmiset eivät osanneet kuvitella, millaista elämä olisi ilman kuningasta. Kuninkaan odotettiin huolehtivan alamaisistaan. Nyt me katsomme valtiota ja demokratiaa samalla tavalla.

Nykyään ihmisten on vaikea kuvitella, että kansalaiset - ennen demokratian tuloa - hyväksyivät kuninkaan käskyvallan. Kumma kyllä he hyväksyvät enemmistön vallan mukisematta.

Nykyään ihmisten on vaikea kuvitella, että kansalaiset – ennen demokratian tuloa – hyväksyivät kuninkaan käskyvallan. Kumma kyllä he hyväksyvät enemmistön vallan mukisematta.

Kuitenkin päivittäin näemme ympärillämme itseorganisoitumista ilman ylhäältä tulevaa pakkoa ja valvontaa. Usein odotusten vastaisesti. Kukaan ei ajatellut, että jokin niin anarkistinen, kuin Wikipedia, internetin tietosanakirja, voisi onnistua ilman keskitettyä valvontaa. Mutta se toimii. Koko Internet on kokoelma useita erillisiä organisaatioita, yksilöitä ja tekniikoita, jotka toimivat yhdessä ilman keskitettyä hallintaa. Maailmanlaajuisen verkon alkupäivinä useimmat ihmiset eivät voineet uskoa, että Internetillä ei ollut omistajaa, että se perustui yksittäisiin vapaaehtoisiin sopimuksiin tuhansien organisaatioiden (Internet-palveluntarjoajien, yritysten, laitosten) kesken, jokaisen niistä valvoessa pientä osaa verkosta.

Itse asiassa, ihanteellinen ja vapaa yhteiskuntamme olisi samankaltainen kuin se mihin Internet perustuu. Internetissä sovelletaan vain muutamia yksinkertaisia sääntöjä; loppu on kaikille avointa ja jokainen voi osallistua parhaaksi katsomallaan tavalla. Pääsääntönä on kommunikointi Internetin TCP/IP -protokollalla. Tältä pohjalta, miljoonat yritykset, järjestöt ja yksityishenkilöt voivat vapaasti tehdä omia asioitaan – perustaa omia verkkotunnuksiaan, tarjota palveluitaan ja kommunikoida haluamallaan tavalla. Ihmiset voivat myös perustaa uusia protokollia TCP/IP:n päälle ja selvittää, josko muut haluaisivat seurata heidän jalanjäljissään. He voivat aloittaa uusia palveluita ja katsoa, josko he löytäisivät asiakkaita. Tämä monimuotoisuus, vapaus ja itseorganisoituminen Internetissä on osoittautunut hämmästyttävän hyvin toimivaksi.

Samoin vapaassa yhteiskunnassa pääsääntö kieltää petokset, väkivallan ja varkaudet. Niin kauan, kun ihmiset pitäytyvät tässä säännössä, he voivat tarjota mitä tahansa palveluita, mukaan lukien ne, joita nyt pidetään "julkisina"

> *Vapaa yhteiskuntamme olisi samankaltainen kuin se, mihin Internet perustuu. Internetissä sovelletaan vain muutamia yksinkertaisia sääntöjä; loppu on kaikille avointa ja jokainen voi osallistua parhaaksi katsomallaan tavalla.*

palveluina. He voivat myös perustaa omia yhteisöjään haluamillaan säännöillä – monarkistisia, kommunistisia, konservatiivisia, uskonnollisia tai jopa autoritaarisia, kunhan heidän "asiakkaansa" liittyvät vapaaehtoisesti, ja niin kauan, kuin ne jättävät muut organisaatiot rauhaan. Nämä yhteisöt voivat olla niinkin pieniä kuin alle kymmenen henkilöä tai suurimmillaan jopa miljoonien kokoisia (huomaa, että yksityisellä yrityksellä, kuten Walmart, on kaksi miljoonaa työntekijää).

Kun on olemassa useita erilaisia hallinnollisia yksiköitä, ihmiset voivat aina muuttaa pois, jos he eivät pidä asioista. Hallitsijat ovat tästä hyvin tietoisia. Niiden asukkaat eivät ole ainoastaan kansalaisia, joiden sallitaan silloin tällöin äänestää, vaan asiakkaita, joita on palveltava hyvin pitääkseen ne. Sama tapahtuu markkinoilla. Jos asiakkaat eivät pidä leipomon tarjonnasta, he eivät järjestä mielenosoituksia vaikuttaakseen omistajaan, he vain menevät toiseen leipomoon.

Pienet yhteiskunnat tulevat todennäköisimmin perustumaan selkeisiin sopimuksiin kuin vaikuttamiseen vaaliuurnilla. Yhdessäkään demokraattisessa maassa, yhdelläkään kansalaisella, ei ole hallituksen kanssa sellaista sopimusta, joka määrittäisi keskinäiset velvoitteet, esimerkiksi mitä hallitus tarjoaa ja millä kustannuksilla. Ajattele sellaisia asioita, kuten eläkkeitä, terveydenhuoltoa, koulutusta, tukia, työlainsäädäntöä jne.. Kansalaisilla on epämääräinen ja määrittelemätön velvollisuus maksaa veroja ja noudattaa lakeja, kun taas valtiolla on määrittelemätön velvollisuus tarjota palveluita. Ja hallitus voi muuttaa sääntöjä milloin tahansa, riippumatta vaalien tuloksista. Tämä aiheuttaa huomattavaa oikeudellista epävarmuutta. Olet ehkä vuosia maksanut eläkemaksuja olettaen, että eläkkeelle jäätyäsi saat tiettyjä etuja. Silti hallitus voi muuttaa näiden etuuksien määrää yhdellä kynän vedolla. Tai vuokraat huoneen ajatellen, että voit peruuttaa vuokrasopimuksen milloin tahansa, kun hallitus yhtäkkiä päättääkin, että vuokrasopimusten pituuteen on sovellettava erilaisia määräyksiä.

Ihmisarvoisen yhteiskunnan on perustuttava sopimuksiin, joissa oikeuksia kunnioitetaan ja kaikki osapuolet tietävät oman asemansa. Missä hallitsijat eivät voi muuttaa sääntöjä pelin aikana. Ja näiden sopimusten ei

> Yhdessäkään demokraattisessa maassa, yhdelläkään kansalaisella, ei ole hallituksen kanssa sellaista sopimusta, joka määrittäisi keskinäiset velvoitteet, esimerkiksi mitä hallitus tarjoaa ja millä kustannuksilla.

välttämättä tarvitse olla kaikille samoja. Aivan kuten yhtiön työntekijöillä, eri kansalaisilla voisi olla erilaisia sopimuksia, riippuen alueesta, missä he asuvat tai työskentelevät.

Tie vapauteen

Jos teknologinen edistyminen on osoitus tulevasta kehityksestä, niin hajauttamisen tulevaisuudennäkymät ovat valoisia. Teknologinen keksintö, kuten auto, vapautti ihmisten liikkuvuuden. Ehkäisypillerin keksiminen antoi ihmisille enemmän seksuaalista vapautta ja naisille enemmän valtaa omaan elämäänsä. Internetin saapuminen irrotti valtaeliitin kuristusotteen tiedotusvälineistä. Nyt kuka tahansa voi julkaista uutisia, lähettää omia ideoitaan maailmalle tai alkaa myymään tuotteita internetissä.

Itse asiassa, tekniikka on aidosti demokratisoiva voima, enemmän kuin demokraattinen järjestelmä itse. Siinä missä demokratia antaa enemmistölle vallan hallita vähemmistöä, teknologialla on taipumus tarjota yksilöille valtaa päättää omasta elämästään. Demokratia vie valtaa pois yksilöitä, teknologia antaa sitä heille. Se on hajauttava voima, joka voi tehdä välikäden, valtion, tarpeettomaksi asioissa, kuten viestintä, talous, koulutus, media ja kauppa. Ja koska vapaat markkinat tekevät tekniikasta edullisempaa, se antaa myös köyhimmille ihmisille jonkin verran valtaa kontrolloida omaa kohtaloaan. Nykyään jopa Afrikassa miljoonat ihmiset saavat uusia mahdollisuuksia, ei kehitysavun vaan yhä halpenevien tietokoneiden ja matkapuhelimien ansiosta.

Täten ihmiskunta koki paljon edistystä viime vuosisadalla, ei demokratian, vaan teknologian ja yksityisten yritysten ansiosta. Laitteet, kuten iPhone, Walkman ja tietokone ovat tuoneet edistyneen teknologian mahdollisuudet yksilön ulottuville ja edistäneet hänen itsenäistymistään. Facebookin kaltaisten palveluiden kautta yksilöt voivat valita, mihin sosiaalisiin piireihin he haluavat kuulua, jopa yli kansallisten rajojen, ja ilman hallituksen sekaantumista. Sen lisäksi englannin kielen kehitys maailman kielenä ja mahdollisuus matkustaa halvalla ovat tehneet maailmasta "pienemmän" ja ovat samalla helpottaneet maahanmuuttoa muihin maihin.

Kaikki tämä merkitsee sitä, että kilpailu hallinnon osalta saattaisi toimia erittäin hyvin.

> *Itse asiassa, tekniikka on aidosti demokratisoiva voima, enemmän kuin demokraattinen järjestelmä itse.*

Jo nyt ihmiset valitsevat, missä he haluavat työskennellä tai asua ja minkä tyyppisen hallinnon alaisuudessa. Miljoonat ihmiset elävät tai työskentelevät ulkomailla. Maailma, jossa on paljon pieniä hallinnollisia yksikköjä, joista jokaisella on omat ominaisuutensa, olisi linjassa tämän kehityksen kanssa. Nämä pienet yksiköt voivat halutessaan tehdä yhteistyötä tietyissä asioissa, jos se on niiden etujen mukaista, esimerkiksi energia-, maahanmuutto-, ja kuljetusasioissa. Ne voivat tehdä yhteistyötä myös puolustuksen saralla, mikä voisi olla tärkeää, jos olisi syntymässä suuri valtio, joka haluaisi murskata pienemmät yhteiskunnat. Taloudellisesti menestyvät ja innovatiiviset yhteiskunnat löytäisivät todennäköisesti fiksuja tapoja puolustaa itseään tällaiselta aggressiolta.

Uusi teknologia mahdollistaa jopa kokonaan uusien maiden syntymisen. Edellä mainitun Patri Friedmanin perustama Seasteading-organisaatio yrittää rakentaa keinotekoisia saaria kansainvälisillä vesillä. Nämä saaret voivat tarjota vaihtoehtoja nykyisille hallintomuodoille.

Hajauttaakseen hallinnon, nykyinen poliittinen järjestelmä tarvitsee radikaaleja muutoksia, mutta niitä ei ole niin vaikea ymmärtää kuin luullaan. Suuret valtionlaitokset voidaan purkaa. Opetus-, terveys-, sosiaali-, talous-, maatalous-, ulkoasiain- ja valtiovarainministeriöt voidaan lakkauttaa. Yhteiskunta tarvitsee julkisia peruspalveluita ainoastaan varmistamaan lain ja järjestyksen sekä käsittelemään ympäristökysymyksiä.

Hyvinvointivaltio voidaan muuntaa yksityiseksi vakuutusjärjestelmäksi. Tämä mahdollistaa kansalaisten vapauden ja turvallisuuden. He voivat ottaa vakuutuksen yksin tai kollektiivisesti ammattiliittojen tai työnantajiensa kautta. Valtion vakuutukset, sellaisena kuin me ne tunnemme, ovat jatkuvasti hallituksen mielivaltaisten muutosten kohteena. Valtion lupaama turvallisuus on valheellista, ja poliittisten oikkujen kohde. Tämän on loputtava. Köyhistä ja avuntarvitsijoista huolehtiminen voidaan hoitaa paikallisesti.

Valtion kontrolli rahoitusjärjestelmäämme olisi lakkautettava, jotta hallitukset eivät enää voi heikentää rahamme arvoa ja aiheuttaa nousu- ja laskukausia. Tällä tavoin syntyisivät reilut kansainväliset rahoitusmarkkinat, joita vahvat valtiot tai valtioihin kytköksissä olevat rahoituslaitokset eivät enää manipuloisi.

Lyhyesti, suurten demokraattisten kansallisvaltioiden on tehtävä tietä pienemmille poliittisille yksiköille, joissa kansalaiset itse valitsevat, miten he haluavat yhteiskuntaansa muokata. Aina kuin mahdollista asiat olisi päätettävä paikallisesti mahdollisimman alhaisella hallinnon tasolla.

Jos se tarkoittaa Euroopan unionin loppua, sitä parempi. Euroopan poliitikot rakastavat maalata kauhukuvia siitä, mitä tapahtuisi, jos Euroopan unioni hajoaisi. Mutta maat, kuten Norja ja Sveitsi eivät ole koskaan olleet EU:n jäseniä ja ne pärjäävät hyvin omillaan.

Toisinaan väitetään, että EU varmistaa vapaakaupan Euroopan maiden välillä. Olisi hienoa, jos se olisi ainoa sen tekemä asia, mutta se tekee paljon muutakin. Brysselin luomilla "sisämarkkinoilla" ei ole mitään tekemistä taloudellisen vapauden kanssa. Päinvastoin. Käytännössä EU on tulvillaan lakeja ja sääntöjä, jotka rajoittavat taloudellista vapautta. Se on rakenteilla oleva supervaltio, joka tuhoaa kansalaisten ja yritysten vapauden. EU edustaa hajauttamisen vastakohtaa – se on keskittämisen ruumiillistuma, toimimaton byrokraattinen kaiken tuhoava voima, jossa yksilönvapaus on vielä uhanalaisempi, kuin kansallisessa demokratiassa. Mitä nopeammin se tuhotaan, sen parempi.

Valoisa tulevaisuus

Tulevaisuus näyttää monin tavoin valoisalta. Ihmiskunta on kerryttänyt valtavasti tietoa ja tuotantokapasiteettia – enemmän kuin tarpeeksi luomaan vaurautta kaikille maailmassa.

Lisäksi veristen kommunisti- ja fasistihallintojen, kuten Neuvostoliiton, Kiinan jne., romahdettua 1900-luvulla, maailmanlaajuinen suuntaus on kohti vapautta. Suuret ihmisryhmät ovat saaneet enemmän henkilökohtaista ja taloudellista vapautta, mikä lisää vaurautta ja hyvinvointia. Toiset ovat nousemassa diktatuureja vastaan ja vaativat enemmän vapautta. Ei ole mitään syytä, miksei tämä suuntaus jatkuisi.

Voi olla vaikea kuvitella, että elämä ilman demokraattista kansallisvaltiota on mahdollista, mutta samanlaisia radikaaleja muutoksia on ennenkin tapahtunut. Kuten Linda ja Morris Tannehill kirjoittivat libertaarissa ja demokratian vastaisessa klassikkokirjassaan "The Market For Liberty" (1970): "Kuvittele feodaalinen maaorja, oikeudellisesti sidottuna maahan ja sosiaaliseen asemaan, johon hän syntyi, raatamassa aamusta iltaan alkeellisilla työkaluilla saadakseen perustoimeentulon, joka hänen on jaettava kartanonherransa kanssa, ajatusmaailmansa kietoutuneena pelkoihin ja taikauskoon. Kuvittele yrittäväsi kertoa tälle maaorjalle 1900-luvun yhteiskunnan sosiaalisesta rakenteesta. Sinun olisi todennäköisesti vaikeaa vakuuttaa hänelle, että tällainen sosiaalinen rakenne voisi olla olemassa, koska hän näkisi kaiken kuvaamasi, oman yhteiskunnallisen tietämyksensä kontekstissa. Hän valistaisi sinua, ilman jälkeäkään omahyväisestä paremmuudesta, että ellei jokaisella yhteisöön syntyvällä ihmisellä olisi erityistä ja pysyvästi kiinteää sosiaalista paikkaa, yhteiskunta ajautuisi kaaokseen nopeasti. Vastaavalla tavalla, 1900-luvun ihmiselle kertominen siitä, että valtio on paha ja siksi tarpeeton, ja että meillä olisi paljon parempi yhteiskunta, jos meillä ei olisi valtiota lainkaan, tuo todennäköisesti esiin kohteliasta skeptisyyttä .. varsinkin, jos ihminen ei ole tottunut ajattelemaan itsenäisesti. On aina vaikea kuvitella erilaisen yhteiskunnan, ja erityisesti omaamme kehittyneemmän yhteiskunnan toimintaa. Tämä johtuu siitä, että olemme niin tottuneita omaan sosiaaliseen rakenteeseemme, että meillä on tapana automaattisesti tarkastella kehittyneemmän yhteiskunnan eri puolia sen kontekstissa, mikä vääristää kuvan merkityksettömäksi."

Uskomme, että kansallisvaltio ja sen kanssa kulkeva demokratia on 1900-luvun, ei 2000-luvun, ilmiö. Tie itsenäisyyteen ja vaikutusmahdollisuuksiin jatkuu, mutta se ei kulje suurten demokratioiden kautta. Se kulkee hajauttamisen ja kansalaisorganisaatioiden kautta pienempiin, ihmisten itsensä suunnittelemiin, hallinnollisiin yksiköihin.

Jotkut saattavat väittää, että useimmat ihmiset eivät kykene olemaan vapaita. Että heillä ei ole vastuuta tai halua elää itsenäistä elämää. Että heitä olisi hallittava heidän omaksi parhaakseen. Mutta tätä samaa perustetta käytettiin orjuuden poistamista tai naisten vapautumista vastaan. Väitettiin, että orjuudesta ei pitäisi luopua, koska mustat eivät kykenisi huolehtimaan itsestään – ja joka tapauksessa, useimmat eivät edes haluaisi olla vapaita. Naisilla ei pitäisi olla yhtäläisiä oikeuksia, sanottiin, koska he ovat kykenemättömiä ansaitsemaan omaa elantoaan ja selviytymään itsenäisen elämän vaatimuksista. Mutta todellisuus todisti toisin. Näin tulee käymään myös, kun demokraattinen lastenhoitajavaltio lakkautetaan. Mahdollisuuden saatuaan ihmiset osoittautuvat yllättävän itsenäisiksi. Tietenkään he eivät päätä elää toisista riippumattomasti, vaan he organisoituvat oman valintansa mukaisiin ryhmiin, yrityksissä, seuroissa, ammattiliitoissa, yhdistyksissä, eturyhmissä, yhteisöissä ja perheissä.

Vapauduttuaan tylsistävästä byrokratian holhouksesta ja demokraattisesta enemmistön vallasta, he muuttavat maailmaa tavoilla, joita emme nyt osaa ennakoida. Linda ja Morris Tannehill esittivät sen näin: "Monet ei-toivotut olosuhteet, joita ihmiset pitävät tänä päivänä väistämättöminä, olisivat erilaisia yhteiskunnassa, joka on täysin vapaa valtiosta. Useimmat näistä eroista tulvisivat valtion – sekä fasistisen että sosialistisen – lamauttavasta kontrollista vapautuneilta markkinoilta ja siten pystyvät tuottamaan terveen talouden ja huomattavasti korkeamman elintason kaikille."

Ihmisten on aika herätä siihen tosiasiaan, että demokratia ei johda vapauteen eikä itsenäisyyteen. Se ei ratkaise konflikteja eikä vapauta tuottavia ja luovia voimia. Pikemminkin päinvastoin. Demokratia

> *Ihmiset haluavat itselleen vapautta pakottamisen sijaan. He pitävät parempana suoraa valintaa vapailla markkinoilla, sen sijaan, että vain osoittaisivat mieltymyksensä äänestyskopissa.*

luo vihamielisyyttä ja rajoituksia. Demokratian keskusjohtoiset ja pakottavat piirteet tuottavat johdettua kaaosta, kun taas yksilönvapaus ja järjestämättömät markkinat tuovat spontaanin järjestyksen ja vaurauden.

Ihmiset haluavat itselleen vapautta pakottamisen sijaan. He pitävät parempana suoraa valintaa vapailla markkinoilla, sen sijaan, että vain osoittaisivat mieltymyksensä äänestyskopissa. Onko ketään, joka haluaisi hallituksen valitsevan heille auton, sen sijaan, että he voisivat valita oman autonsa itse?

Ihmisten on korkea aika ymmärtää, että heidän haluamansa vapaus on annettava myös muille. Että heidän oma vapautensa ei voi säilyä, jos muut eivät nauti samaa vapautta. Että lopulta he itse päätyvät saman pakkovallan uhriksi, jota he – demokraattisesti – käyttävät muihin. He putoavat omaan ansaansa.

Siirtyminen kohti pienempää demokratiaa ja suurempaa vapautta saattaa tuntua pelottavalta. Olemme kaikki kasvaneet kansallisdemokraattisissa valtioissa ja meidät on loputtomasti altistettu sosiaalidemokraattisille ajatuksille. Meille on opetettu, että yhteiskuntamme on "paras kaikista mahdollisista maailmoista."

Kuitenkin todellisuus on vähemmän mairitteleva. On aika kohdata tämä todellisuus. Valtio ei ole hyväntahtoinen joulupukki. Se on itsekäs ja asioihin sekaantuva hirviö, joka ei ole koskaan tyytyväinen ja lopulta tukahduttaa alamaistensa riippumattomuuden ja itsenäisyyden. Ja tätä hirviötä ylläpidetään demokratialla: Ajatuksella, että enemmistö voi määrätä jokaisen ihmisen elämästä.

On aika luopua ajatuksesta, että kansalla – näin ollen valtiolla – on oikeus hallita. Että meidän on parempi, kun hallitukset päättävät, miten elämme ja käytämme rahamme, sen sijaan, että teemme sen itse. Että demokraattinen "yksi koko sopii kaikille" - ideologia tuo harmoniaa ja hyvinvointia. Että me hyödymme demokraattisesta pakottamista.

On aika vapauttaa itsemme enemmistön tyranniasta. Meillä ei ole mitään menetettävää, paitsi kahleet, jotka sitovat meidät toisiimme.

Jälkikirjoitus

Libertarismi ja demokratia

Kirjoitimme kritiikkimme demokratiasta libertaarista näkökulmasta. Libertarismi on poliittinen filosofia, joka perustuu itsensä omistamiseen eli yksilön oikeuteen omaan kehoonsa ja elämäänsä, ja siten oman työnsä hedelmiin. Vastakohta tälle yksilön itsehallinnolle on, että jotkut ihmiset hallitsevat toisten elämää ja työtä (tai – mikä on erittäin epärealistista – kaikki hallitsevat kaikkia). Libertarismin mukaan tällainen tilanne on epäoikeudenmukainen. Libertarismi perustuu periaatteeseen, että yksilöillä ei ole velvollisuutta uhrata itseään kollektiiville, kuten on laita sosialismissa, fasismissa ja demokratiassa.

Libertaareille yksilönvapaus (itsensä omistaminen) ei tarkoita "oikeutta" työhön, koulutukseen, terveydenhuoltoon, asumiseen tai mihinkään muuhun hyvään, koska tällaiset "oikeudet" merkitsevät velvollisuutta toisille järjestää kyseiset etuudet. Jos yksilö pakotetaan uhraamaan itsensä muiden puolesta, se ei ole vapautta, vaan orjuutta. Vapaus tarkoittaa sitä, että kaikilla on oikeus tehdä omalle elämälleen ja omaisuudelleen mitä haluaa, kunhan he eivät kajoa toisten elämään ja omaisuuteen. Lyhyesti, libertaarit vastustavat fyysisen väkivallan aloittamista.

Libertaarin oikeusjärjestelmän ensisijaisena tarkoituksena on suojella yksilöitä kaikenlaiselta väkivallalta. Libertaarit kannattavat kaikkia itsehallinnon periaatteesta syntyviä vapauksia. Esimerkiksi, kannatamme uskonnonvapautta, vapautta eutanasiaan, huumeiden laillistamista, sananvapautta jne.. Kannatamme myös ihmisten oikeutta yhdistyä, tehdä yhteistyötä ja käydä kauppaa vapaasti ts. vapaita markkinoita.

Uskomme, että yksilöillä ja ryhmillä on oikeus tehdä omia sääntöjä oman omaisuutensa käytöstä. Aivan kuten jokaisella on oikeus päättää ketä kotiinsa kutsuu, baarin omistajallakin pitäisi olla oikeus päättää saako hänen baarissaan tupakoida, ja työnantajan pitäisi voida päättää yrityksensä pukukoodista. Kenenkään ei ole pakko käydä baarissa, tai työskennellä yrityksessä, jos he eivät näistä (omistajien) säännöistä pidä.

Tästä syystä libertarismi vastustaa syrjinnän vastaisia lakeja. Tällaiset lait ovat ristiriidassa vapaan kanssakäymisen kanssa.

Hallitus määrää: *Sinun täytyy olla kanssakäymisessä kaikkien kanssa! Halusit tai et.* Sen sijaan, libertarismi perustuu valinnanvapaudelle; kaikkien suhteiden ja liiketoimien tulisi olla vapaaehtoisia.

Syrjintä tarkoittaa: kohdella eri tavalla. Tietenkin on naurettavaa kieltäytyä kanssakäymisestä homojen, juutalaisten, saksalaisten tai kenen tahansa muun kanssa, mutta vapauden periaate tarkoittaa, ettei kenenkään tarvitse perustella valintojaan, olkoon ne sitten kuinka naurettavia tahansa. Et tarvitse hyvää syytä olla tekemättä jotakin. Libertarismi puolustaa ihmisten oikeutta tehdä tai jättää tekemättä asioita, joista muut eivät ole samaa mieltä. Aivan kuten sananvapaus tarkoittaa, että ihmisillä on oikeus ilmaista mielipiteensä, vaikka toiset ovat eri mieltä. Ihmisten ainoa velvoite on pidättäytyä aloittamasta väkivaltaa toisia kohtaan.

Syrjinnän vastaiset lait ovat itse asiassa itsessään väkivallan muoto, koska ne pakottavat ihmiset olemaan kanssakäymisessä toisten kanssa vastoin omaa tahtoaan. Pitäisikö meidän pakottaa vanhat tädit pimeille kujille, joissa väkivaltainen nuoriso maleksii? Pitäisikö meidän pakottaa ihmiset menemään treffeille vastenmielisinä pitämiensä ihmisten kanssa? Ei tietenkään. Mutta millä oikeudella valtio pakottaa työnantajia palkkaamaan ihmisiä, joita he eivät halua ottaa töihin? Ja millä oikeudella valtio pakottaa yökerhojen omistajia ottamaan sisään asiakkaita, joita he eivät halua? Libertaareina uskomme, että tällaiset menettelytavat eivät ole vain vääriä, vaan myös haitallisia. Ne johtavat vihaan ja konflikteihin, suvaitsevaisuuden ja harmonian sijaan.

Libertarismi ei ole "vasemmistolaista" eikä "oikeistolaista", ei edistyksellistä eikä konservatiivista. Edistykselliset suosivat valtion sekaantumista talouteen, mutta ovat valmiita (joskus) sallimaan kohtuullisessa määrin henkilökohtaisia vapauksia. Konservatiivit kannattavat valtion puuttumista henkilökohtaisiin valintoihin, mutta ovat (joskus) valmiita sallimaan kohtuullisessa määrin taloudellisia vapauksia. Mutta molemmille on yhteistä se, että ne pitävät yksilöä valtion, kollektiivin, alamaisena. Libertarismi on ainoa poliittinen filosofia, joka sanoo, että kollektiivilla *ei* ole oikeutta hallita yksilöä. Libertarismi on ainoa poliittinen filosofia, joka periaatteellisesti vastustaa *väkivallan aloittamista* eli kaikkea voiman käyttöä, paitsi itsepuolustukseksi. Tähän periaatteeseen perustuen libertarismi vastustaa myös kolonialismia, imperialismia ja ulkomaisia interventioita.

Libertarismi ei ole uudenaikaista filosofiaa; se perustuu ikivanhaan perinteeseen. Suurten liberaalien ajatukset 1600- ja 1700-luvuilta olivat hyvin lähellä libertaaria ihannetta. Nykyään kuvaamme heidän filosofiaansa "klassiseksi liberalismiksi" erottaaksemme sen nykyisestä "liberalismista", joka itse asiassa on muunnelma sosiaalidemokratiasta, mieluummin kuin vapauden filosofia. 1800-luvulla libertarismia puolustivat sekä "anarkokapitalistien" joukko että pääasiassa Itävallasta lähtöisin oleva klassisten liberaalien taloustieteilijöiden joukko. Yhdysvalloissa libertarismin nykyinen akateeminen keskus on Mises Institute, joka on nimetty suuren itävaltalaisen, vapaiden markkinoiden ekonomistin, Ludwig von Misesin mukaan. Vuonna 1974 Friedrich Hayek, Misesin oppilas, sai Nobelin taloustieteen palkinnon. Tunnetuin 1900-luvun libertaarinen ajattelija oli myös Misesin oppilas, amerikkalainen taloustieteilijä ja laaja-alainen intellektuelli Murray Rothbard. Hänen kirjansa *"For a New Liberty"* on luultavasti edelleenkin paras saatavilla oleva johdatus libertarismiin.

Mises ja Rothbard eivät kuitenkaan koskaan tuoneet esille tarkkaa analyysiä demokratiasta. Ensimmäinen sen tehnyt libertaari ajattelija on saksalainen ekonomisti Hans-Hermann Hoppe, joka asuu ja työskentelee Yhdysvalloissa. Hänen kirjansa *"Democracy – The God that Failed"* (2001), on toistaiseksi tämän alan perusteos.

Viime vuosina, osittain kiitos Hoppen työn, käsitys demokratiasta on saanut enemmän huomiota libertaarien kirjailijoiden taholta, mutta suurin osa heidän kritiikistään on saatavilla vain artikkeleina lehdissä ja libertaareilla sivustoilla, kuten Mises.org. Sikäli kuin tiedämme, täysimittaista kansantajuista libertaaria kritiikkiä demokratiasta ei ole koskaan julkaistu. Tämän kirjan avulla toivomme täyttävämme tämän aukon.

Lisätietoja tästä kirjasta saat kotisivultamme *www.beyonddemocracy.net.* Suomessa lisätietoa klassisesta liberalismista löytyy http://liberalismi.net -sivustolta. Pelkästään libertarismiin keskittyvää sivustoa ei Suomessa ole. Liberalismiin ja libertarismiin liittyvää keskustelua käydään vilkkaasti Facebookin Liberaalimafia-ryhmässä: www.facebook.com/groups/liberaalimafia/

Joitain lainauksia demokratiasta

"Demokratia on kuin kaksi sutta ja lammas äänestämässä siitä, mitä syödä lounaaksi. Vapaus on hyvin aseistettu lammas vastustamassa äänestystä. "
Benjamin Franklin, valtiomies, tiedemies, filosofi, ja yksi Yhdysvaltojen perustajista

"Demokratia ei koskaan kestä pitkään. Pian se tuhlaa, uuvuttaa ja murhaa itsensä. Koskaan ei ole olemassa demokratiaa, joka ei tekisi itsemurhaa."
John Adams, Yhdysvaltain toinen presidentti

"Demokratia ei ole mitään muuta, kuin vahvemman oikeutta, jossa 51 % voi riistää loppujen 49 %:n oikeudet."
Thomas Jefferson, Yhdysvaltain kolmas presidentti

"Uskomme sosialismin ja demokratian olevan yksi ja jakamaton."
USA:n Sosialistipuolue

"Jokaiset vaalit ovat eräänlainen varastetun tavaran ennakkohuutokauppa."
H.L. Mencken (1880 - 1956), amerikkalainen toimittaja ja esseisti

"Miten voimme varmistaa edistyksen jatkumisen, jos me yhä enenemässä määrin omaksumme elämäntavan, jossa kukaan ei halua ottaa vastuuta itsestään ja jokainen etsii turvallisuutta kollektivismista? Jos tämä mania jatkuu, vajoamme sosiaaliseksi järjestelmäksi, jossa jokaisella on kädet toistensa taskuissa."
Ludwig Erhard, Saksan entinen liittokansleri ja sodanjälkeisen Saksan talousihmeen arkkitehti

"Rajoittamaton demokratia on, aivan kuten harvainvalta, suuren ihmisjoukon yli levittäytyvä tyrannia."
Aristoteles

"Valtio on suuri fiktio, jossa kaikki pyrkivät elämään muiden kustannuksella."
Frédéric Bastiat (1801 - 1850), Ranskan klassisen liberalismin teoreetikko ja poliittinen taloustieteilijä

"Kun ihmiset huomaavat voivansa äänestää itselleen rahaa, se on merkki tasavallan lopusta."
Benjamin Franklin, valtiomies, tiedemies, filosofi, ja yksi Yhdysvaltojen perustajista

"Ne, jotka haluavat valtion puuttuvan enemmän asioihin, vaativat viime kädessä enemmän pakkoa ja vähemmän vapautta."
Ludwig von Mises, itävaltalainen taloustieteilijä ja suuri vapaiden markkinoiden puolustaja

"Yhdenkään ihmisen elämä, vapaus tai omaisuus ei ole turvassa, kun lainsäätäjä on toimessa."
Mark Twain (1835 - 1910), yhdysvaltalainen kirjailija

"Demokratia on kansan tahto. Joka aamu olen yllättynyt lukiessani lehdestä, mitä haluan."
Wim Kan, hollantilainen koomikko